普通高等教育“十四五”规划教材
全国高等院校规划教材 · **公共课系列**

大学生
现代礼仪教程

陈鸿雁 ◎主编

北京大学出版社
PEKING UNIVERSITY PRESS

内容简介

本书集人文性、适用性、工具性于一体，强调“课程思政”教育融入礼仪文化教育的设计理念，内容以大学生实际社会交往礼仪应用情景为模块进行编排，包括大学生形象礼仪中的仪容礼仪、服饰礼仪和仪态礼仪，以及大学生日常生活、学习、社交中的交友礼仪、通信礼仪、校园礼仪、求职面试礼仪等十二章。同时，本书还依据具体的“课堂训练”进行资源拓展，在相关章节设置了“知识链接”和“课后思考”。

本书可作为高等院校人文类通识教育课程教材，也可作为秘书类专业的必修课程教材，亦可作为相关行业的培训用书。

图书在版编目(CIP)数据

大学生现代礼仪教程/陈鸿雁主编. —北京：北京大学出版社，2024. 3
全国高等院校规划教材. 公共课系列

ISBN 978-7-301-30299-6

Ⅰ. ①大…　Ⅱ. ①陈…　Ⅲ. ①大学生－礼仪－高等学校－教材　Ⅳ. ①G645.5

中国版本图书馆CIP数据核字(2019)第034641号

书　　名	大学生现代礼仪教程 DAXUESHENG XIANDAI LIYI JIAOCHENG
著作责任者	陈鸿雁　主编
责任编辑	张玮琪
标准书号	ISBN 978-7-301-30299-6
出版发行	北京大学出版社
地　　址	北京市海淀区成府路205 号　100871
网　　址	http：//www. pup. cn　　新浪微博：@ 北京大学出版社
电子邮箱	编辑部 zyjy@ pup. cn　　总编室 zpup@ pup. cn
电　　话	邮购部 010-62752015　发行部 010-62750672　编辑部 010-62754934
印 刷 者	河北滦县鑫华书刊印刷厂
经 销 者	新华书店
	787毫米×1092毫米　16开本　10.5印张　227千字
	2024年3月第1版　2024年3月第1次印刷
定　　价	42.00元

前　言

一名优秀的大学生，不仅应当有扎实、过硬的专业知识，还应当有良好的文化素质和思想修养，这样才能成为形象得体、知礼、守礼、行礼的高素质人才。大学生是时代的骄子，是国家未来的建设者，是活力与青春、智慧与力量的代表，其整体形象代表着高校，甚至国家的形象。

中共中央、国务院印发的《新时代公民道德建设实施纲要》，在“推动道德实践养成”方面提出的具体措施是：“充分发挥礼仪礼节的教化作用。礼仪礼节是道德素养的体现，也是道德实践的载体。要制定国家礼仪规程，完善党和国家功勋荣誉表彰制度，规范开展升国旗、奏唱国歌、入党入团入队等仪式，强化仪式感、参与感、现代感，增强人们对党和国家、对组织集体的认同感和归属感。充分利用重要传统节日、重大节庆和纪念日，组织开展群众性主题实践活动，丰富道德体验、增进道德情感。研究制定继承中华优秀传统、适应现代文明要求的社会礼仪、服装服饰、文明用语规范，引导人们重礼节、讲礼貌。”因此，当前高校的一项重要任务，就是加大对大学生形象礼仪教育的力度，把规范大学生形象礼仪作为大学生思想道德建设的一项重要措施。毋庸置疑，加强大学生形象礼仪教育，将有助于提高大学生的整体素养，有助于促进大学生精神风貌建设，还有助于提高高等教育的水平。

“大学生现代礼仪”是一门面向高等院校非艺术类大学生开设的人文类通识教育课程，也是秘书类专业的必修课程。本课程主要研究大学生整体形象提升的途径和方法，具有很强的实操性，旨在使大学生掌握形象设计和礼仪的基本知识，提高大学生的文化素质和思想修养，提升大学生的审美能力，激发大学生追求自我的心灵美和行为美的动力，使他们无论是在生活和学习时，还是走上工作岗位后，都能良好地运用礼仪。

本教材立足大学生的实际情况，紧密结合当前高等院校形象礼仪教育的现状，深入、全面地介绍了大学生生活、学习、社交中的礼仪知识，融知识性、趣味性、实用性于一体，旨在指导、引导当代大学生正确塑造自身整体形象，提升整体素养，加强其对中华民族精神和优良传统美德的继承意识，使之成为新型职业岗位需要的知礼、懂礼、守礼的全面发展型人才。本教材内容不仅涉及美育、中国服饰文化，还融合了中外礼仪等人文社科知识；既有对理论的深入阐述，又有切合大学生特点的“课堂训练”和“课后实践”。

本教材通过与古典礼仪文化对话，涵养了大学生的文化性格、生活态度与审美修养，以及至善至美的文化气质。同时，本教材注重在审美情操与趣味陶冶中开拓大学生的人生格局，以礼化人，使人文教育能够扎根在大学生生活的泥土中，唤醒并凝聚大学生对祖国、对人民、对社会、对生活的责任、担当与热爱。

虽经多方努力，但本书难免存在不足之处，敬请广大读者批评指正。

编　者

2024.1

目　　录

第一章　现代礼仪概述

第一节　中国礼仪的起源与发展

教学目标及要求

了解和掌握中国礼仪的起源与发展。

教学重难点

掌握中国礼仪在不同时期的特点。

教学方法

讲授法、任务实施法。

知识链接

人类社会的存在和发展，既需要变革，又需要稳定和正常的社会秩序。建立稳定和正常的社会秩序，需要各种社会规范来约束人们的行为。礼是我国古代维持社会、政治秩序，调整人与人之间的各种社会关系和权利义务的规范和准则。礼以伦理道德的形式对人们的思想意识进行指导，使人从内心接受礼的精神、遵循礼的要求、践行礼的规范。

一、“礼仪之邦”

在五千年的历史长河中，中华民族创造了灿烂的文化，形成了高尚的道德准则、完整的礼仪规范和优秀的传统美德，因此中国自古以来被世人称为“礼仪之邦”。“礼仪之邦”是中国无数圣君贤相、仁人志士所崇慕和追求的社会理想，也是经由他们长期努力和奋斗为中国赢得的誉称。

（一）周公制礼

周公（姬旦），为西周的开国元勋，是杰出的政治家、文学家、军事家、思想家。周公是礼法和典章的创造者，是中华文化的奠基人。《周礼》一书，相传为周公所著，是记录周代礼制最为详备的著作。周代礼制，是习惯法的规范化。《周礼》一书记载着周公的政治思想，此后历代统治阶级都将该书列为儒家重要经典。

（二）完备的礼仪制度

有学者将中国礼仪分为政治礼仪和生活礼仪两大类。政治礼仪包括祭天礼、祭地礼、祭宗庙礼、祭先人宗师礼、相见礼和军事礼；生活礼仪包括诞生礼、冠礼、飨燕礼和宾礼。

同时，还有五祀，指门、户、井、灶、中霤（中室）。可见，小到打扫房间，大到祈福祭典，人们的生活都由礼掌握着。

家庭礼仪中的孝，如“兄良弟悌”，也很重要。古人说“天、地、君、亲、师”，除了以上礼仪，尊师礼仪在中国人眼中是有特殊地位的。

（三）经典“礼”著

“礼”是儒家学说的核心部分。先秦的六经中有《礼》；汉代立五经学官，五经中也有《礼》；唐代立九经，九经中有“三礼”，即《周礼》《仪礼》和《礼记》；宋代立十三经，也有“三礼”。礼一直是古代贵族子弟和一般士人的必修课程，在大多数士大夫的知识结构中，礼是重要的组成部分。

1.《周礼》

《周礼》，又称《周官》，主要记载官制和政治制度，是儒家经典。众多学者认为应该称周代礼制为“礼乐”制度，因其主要分为“礼”“乐”两部分。其中，“礼”的部分主要对人的身份进行划分和社会规范，最终形成等级制度。“乐”的部分主要是基于礼的等级制度，利用音乐缓解社会矛盾。前者是所有制度的基础和前提，后者是制度运行的形式和保障。周公制礼作乐，创建了一整套具体可操作的礼乐制度。饮食、起居、祭祀、丧葬等社会生活的方方面面都纳入“礼”的范畴，以潜移默化的方式规范人们的行为，这就是周代的礼制。“五礼”出自《周礼》，分别是吉礼、凶礼、军礼、宾礼、嘉礼。吉礼是指对先祖与各种神祇的祭祀典礼；凶礼是指丧葬典礼，还包括对天灾人祸的哀悼之礼；军礼是指军事之礼，是军旅操练、征伐等军事活动的典礼；宾礼是指诸侯对君王的朝见、诸侯间的聘问和会盟的礼节；嘉礼是指婚、冠、飨燕、庆贺、宾射等多种礼仪。

2.《仪礼》

《仪礼》原称《礼》，是中国春秋战国时期的礼制汇编，也是儒家传习最早的一部书，共十七篇。内容主要记载礼士大夫的礼仪，如周代的冠礼、婚礼、丧礼、祭礼、乡礼、射礼、朝礼、聘礼等各种礼仪。据《仪礼》载，天子、诸侯、大夫、士日常所践行的礼有：士冠礼、士昏礼、士相见礼、乡饮酒礼、乡射礼、燕礼、大射礼、聘礼、公食大夫礼、觐礼、士丧礼、丧服、既夕礼等。尽管《仪礼》中记载的礼节规定程序及具体操作很繁复，且带有极其明显的阶级烙印，但是对于这一宝贵的历史文化遗产，我们应该保持应有的尊重，并以科学的态度加以总结和利用。

3.《礼记》

《礼记》又名《小戴礼记》，《礼记》和《仪礼》《周礼》合称“三礼”。《礼记》

成书于汉代，相传为西汉礼学家戴圣所编，共二十卷四十九篇，始于《曲礼》，终于《丧服四制》。《礼记》主要记载和论述先秦的礼制、礼仪，体现了先秦儒家的哲学思想、教育思想、政治思想和美学思想，是研究先秦社会的重要资料。

其中，记录礼节条文的，有《曲礼》《檀弓》《玉藻》等；解释《仪礼》的，有《冠义》《射义》等；阐述《周礼》意义的，有《礼运》《礼器》等。宋代理学家朱熹说："《仪礼》，礼之根本；而《礼记》乃其枝叶。《礼记》乃秦汉上下诸儒解释《仪礼》之书，又有他说附益于其间。"（《朱子语类·卷八十四》）《礼记》中记载的古代文化史知识及思想学说，对儒家文化传承、当代文化教育和德性教养，及社会主义和谐社会建设有重要影响。

4.《礼论》

《礼论》是儒家关于礼的本质、起源及其社会功能的理论典籍，也是荀子著作中最重要的一篇，它系统论述了礼的起源、内容和作用。《礼论》以"性恶论"为基础，认为"人生而有欲"，欲而不得，就会产生争夺和混乱。制定礼义旨在调节人的欲望，避免纷争，保持安定。礼有"养"和"别"，"养"即"养人之欲，给人之求"，满足人的物质欲望和需求，"别"即"贵贱有等，长幼有差，贫富轻重皆有称者"，两者相互依存。《礼论》详细分析礼的内容，重点论述丧祭之礼，提出"隆礼"的观点，指出礼是治国的根本，是"人道之极"，"天下从之者治，不从者乱，从之者安，不从者危，从之者存，不从者亡"。从孔子的"克己复礼"，到荀子的《礼论》，儒家礼论的框架基本形成，并对中华民族整体素质的形成产生了深远影响。

二、中国礼仪的起源与发展

（一） 中国礼仪的起源

关于礼仪的起源，说法不一。归纳起来有五种起源说：一是天神生礼仪；二是礼为天地人的统一体；三是礼产生于人的自然本性；四是礼为人性和环境矛盾的产物；五是礼生于理，起源于俗。

1.从理论上说，礼仪起源于人类协调主客观矛盾的需要

（1）礼仪起源于人类维护自然的人伦秩序的需要。人类为了生存和发展，必须与大自然抗争，不得不以群居的形式相互依存，人类的群居性使得人与人之间相互依赖又相互制约。在群体生活中，男女有别，老少有异，既是一种天然的人伦秩序，又是一种需要被所有成员共同认定、保证和维护的社会秩序。人类的内部关系必须妥善处理，因此，人们逐步积累和自然约定出一系列人伦秩序，这就是最初的礼仪。

（2）礼仪起源于人类寻求满足自身欲望与实现欲望的条件之间动态平衡的需要。人

对欲望的追求是人的本能，人们在实现欲望的过程中，彼此之间难免会发生矛盾和冲突，为了避免这些矛盾和冲突，就需要为“止欲制乱”而制礼。

2. 从具体的仪式上看，礼仪产生于原始宗教的祭祀活动

原始宗教的祭祀活动都是以祭天、敬神为主要内容的“礼”。这些祭祀活动在历史发展中逐步完善了相应的规范和制度，最终形成祭祀礼仪。随着人类对自然与社会各种关系认识的逐步深入，仅以祭祀天地、鬼神、祖先为礼，已经不能满足人类日益发展的精神需要和调节日益复杂的现实关系。于是，人们将事神致福活动中的一系列行为，从内容和形式上扩展到了各种人际交往活动之中，从最初的祭祀之礼扩展为社会各个领域的各种各样的礼仪。

（二）中国礼仪的发展

从历史发展的角度来看，礼仪在其传承发展的过程中不断发生着变革。笼统地讲，礼仪的发展经历了礼仪的萌芽及形成、礼仪的发展及变革、礼仪的强化和现代礼仪四个时期。

1. 礼仪的萌芽及形成时期

原始社会中晚期（约旧石器时期）出现了早期礼仪的萌芽，当时的礼仪较为简单和虔诚，还不具有阶级性。

新石器时期不仅出现了精细的打磨石器，还诞生了农业和畜牧业。在此后数千年的岁月里，原始礼仪渐具雏形。这一时期形成了明确血缘关系的婚嫁礼仪、区别部族内部尊卑等级的礼制、与祭天敬神有关的一些祭典仪式，以及人们在相互交往中表示礼节和恭敬的动作等。

到了周朝时期， 礼仪制度逐渐成为周朝政治制度的重要组成部分。周朝礼仪制度体现了周朝的道德观念、社会伦理和政治理念。这一时期，礼乐制度充分发展，礼乐贯穿于社会生活的各个方面，无论是国家政治还是公众生活，都有相关的礼仪规范。又因为在举行礼仪的时候，往往要演奏相关的音乐，所以礼乐并称。

人类进入奴隶社会后，统治阶级为了巩固自己的统治地位，把原始的宗教礼仪发展成符合奴隶社会政治需要的礼制，礼仪被打上了阶级的烙印。在这个阶段，中国第一次形成了比较完整的国家礼仪与制度。

2. 礼仪的发展及变革时期

这一时期，学术界形成了“百家争鸣”的局面，以孔子、孟子、荀子为代表的儒家学派对礼教思想进行了深入的研究，对礼仪的起源、本质和功能进行了系统阐述，并在理论上全面而深刻地论述了社会等级秩序的划分及意义。

西周末期，王室衰微，诸侯纷起争霸。公元前770年，周平王东迁洛邑，建立东周。但东周王朝已无力全面恪守传统礼制，出现了所谓的“礼崩乐坏”的局面。

春秋战国时期是我国由奴隶社会向封建社会转型的时期。在此期间，孔子、孟子、荀子等思想巨人相继出现，发展和革新了礼仪理论。

3. 礼仪的强化时期

在长达2000多年的封建社会里，尽管不同朝代的礼仪制度具有不同的社会、政治、经济、文化特征，但礼仪都是维护封建社会等级秩序的工具。这一时期，礼仪的重要特点是尊君抑臣、尊夫抑妇、尊父抑子、尊神抑人。在漫长的历史演变过程中，多数封建礼仪逐渐变成妨碍人们个性发展、阻碍人们平等交往、禁锢个人思想自由的精神枷锁。

4. 现代礼仪时期

辛亥革命以后，受西方“自由、平等、民主、博爱”等思想的影响，中国的传统礼仪规范、制度受到强烈冲击。新文化运动对腐朽、落后的礼教进行了清算，符合时代要求的礼仪被继承、完善、流传，那些繁文缛节逐渐被抛弃，同时人们接受了一些国际上通用的礼仪形式。新的礼仪标准、价值观念得到推广和传播。

中华人民共和国成立后，我国逐渐确立了以平等相处、友好往来、相互帮助、团结友爱为主要原则的具有中国特色的新型社会关系和人际关系。改革开放以来，我国与世界的交往日趋频繁，西方的一些礼仪、礼节同我国的传统礼仪一道融入社会生活的各个方面，构成了社会主义礼仪的基本框架，礼仪进入了全新的发展时期。

课后思考

中国礼仪在不同时期的特点分别是什么?

第二节 礼仪的含义及功能

教学目标及要求

了解礼貌、礼节、礼仪之间的关系，掌握礼仪的功能。

教学重难点

理解大学生学习礼仪的意义，并在日常生活中培养个人礼仪。

教学方法

讲授法、案例分析法。

知识链接

现代礼仪是维护社会秩序和协调人际关系的准则，是社会全体成员共同约定和遵守的思想和行为规范，是人际交往的手段和工具。

一、礼仪的含义

礼仪是指人们在长期的社会实践中，对人类言谈举止的模式和思维方式达成的一套社会协议和共识，是人们在社会交往中共同遵守的一系列言行及仪式的标准。不同的阶级有不同的礼仪规范；不同的地区、民族有不同的礼仪形式；不同的时期、地域的礼仪也有一定差异。礼仪在不同的社会层面和领域始终处于发展变化之中。

因此，礼仪有以下几层含义。

（1）礼仪是一种道德行为规范。规范就是规矩、章法，即礼仪是对人的行为进行约束的规矩。礼仪作为道德行为规范，它的约束力主要依靠人的道德修养和自律。

（2）礼仪的本质是尊重。人们在社会交往活动中按照礼仪的要求去做，互相尊重，就能建立和谐的关系。

（3）礼仪的根本目的是维护社会正常的生活秩序。缺少礼仪，社会正常的生活秩序就会遭到破坏，在这方面，礼仪和法律、纪律共同生效。也正因如此，无论是资本主义社会，还是社会主义社会，都非常重视礼仪规范的建设。

（4）礼仪要求全体成员共同遵守，它属于社会公德的内容，而社会公德是最简单、最基础的道德行为规范。

在现实生活中，知礼、守礼、行礼的人会赢得别人的尊敬和信任。然而，礼仪修养绝不仅仅是一种外在的行为表现形式，它是人内在的道德、文化和艺术修养的反映和折射。因此，大学生在学习礼仪行为规范的同时，还要注重自己内在修养的提高，并在勤奋求知中不断地充实自己，以提高自己的礼仪素养。

二、礼貌、礼节、礼仪的关系

礼是指人们在交往的过程中，要互相尊重、诚恳、和善、谦恭、有分寸。礼的本义为敬神，后引申为表示敬意的通称。礼的含义比较丰富，它既可以指人们为了表示敬意而隆重举行的仪式，也可以泛指社会交往中的礼貌、礼节，是人们在长期的生活实践中约定俗成、共同认可的行为规范。

仪是礼的外在表现形式，是礼在人们的语言、行为、仪态等方面的具体表现，常常被称为礼貌或礼节。比如，进入他人住宅时要先敲门，得到允许后方可进入；见到师长要问好；欢迎宾客要握手；受人帮助要说“谢谢”；等等。这些都是对他人表示尊重和善意的表现。

（一）礼貌

礼貌一般是指在人际交往中，通过语言、动作向交往对象表示谦虚、恭敬和友好的行为。它体现了时代的风貌与道德品质，体现了人们的文化水平和文明程度。礼貌是一个人在待人接物时的外在表现，人们通过言谈、表情、姿态表示对他人的尊重。在不同的民族、不同的时代以及不同的行为环境中，礼貌的表达形式虽然不同，但其基本要求是一致的，即诚恳、谦虚、和善、有分寸。

礼貌可分为礼貌语言和礼貌行为两个部分。礼貌语言是一种有声的行动；礼貌行为是一种无声的语言。在人际交往中讲究礼貌，有助于建立和谐的关系，增进双方的友好合作，避免一些不必要的冲突。

我国历来十分重视言与礼的统一，有许多关于礼貌的语言，如“礼尚往来”“恭候光临”等。今天我们提倡的礼貌语言主要有“五声十字”，即“您好”“请”“谢谢”“对不起”“再见”；我们提倡的礼貌行为主要有“微笑”“点头”“欠身”“鞠躬”“握手”“双手合十”“拥抱”等。

（二）礼节

礼节与礼貌的关系是相辅相成的。没有礼节，就无所谓礼貌；有了礼貌，就必然伴有具体的礼节，否则就容易失礼。礼节又是礼貌的具体表现方式，如中国古代的跪拜、作揖，现代流行的点头、握手，欧美国家的拥抱、亲吻，南亚诸国的双手合十，印度等国家的吻手、吻脚，还有少数国家和地区的拍肚皮、碰鼻子等都属于礼节。

（三）礼仪

礼仪包括礼和仪两个部分。礼，即礼貌、礼节；仪，即仪表、仪态、仪式、仪容等。礼仪是礼节、仪式的统称。

从广义的角度看，礼仪泛指人们在社会交往中的行为规范和交际艺术；从狭义的角度看，礼仪通常是指在较大或隆重的正式场合，为表示敬意、尊重、重视等所举行的合乎社交规范和道德规范的仪式。

（四）礼貌、礼节、礼仪之间的关系

礼是一种社会道德规范，是人们社会交往中的行为准则。礼貌、礼节、礼仪都属于礼的范畴。礼貌是表示尊重的言行规范。礼节是表示尊重的惯用形式和具体要求。礼仪是由一系列具体表示礼貌的礼节所构成的完整过程。礼貌、礼节、礼仪三者尽管名称不同，但本质都是表示尊敬及友好，因此，三者相辅相成，密不可分。礼貌是礼仪的基础，礼节是礼仪的基本组成部分。礼是仪的本质，而仪则是礼的外在表现。礼仪在层次上要高于礼貌、礼节，其内涵更深、更广，它由一系列具体的礼貌及礼节构成，是一个系统表示礼貌的完整过程；礼节只是一种具体的做法。有礼貌而不懂礼节，往往容易失礼；谙熟礼节却流于形式，只可称为客套。

三、礼仪的性质

礼仪具有约定俗成性、发展性、民族性和国际性。

（一）礼仪的约定俗成性

礼仪不仅体现一个人的修养，还体现一个民族的素质。一个人的礼仪修养水平高，其行为举止就能给他人留下美好的印象。

礼仪属于社会，社会之外无所谓礼仪。而社会是由人构成的，人们在社会发展过程中，形成了不同的社会群体。人们在社会生活中需要交往，需要合群；人不能离群索居，人的发展离不开社会群体的发展。礼仪规范是人们在社会交往过程及反复的生活实践中形成的，并通过某种风俗、习惯和传统的行为方式固定下来。这种约定俗成的规范不断地支配或控制着人们的交往活动，它规定着人们在一定的场合中特定的行为方式和表现，或者说，礼仪为人们的社会生活规定了一套应遵循的模式。遵循它，就会得到社会的认可，生活也会变得更加和谐、顺畅；违背它或偏离它，可能就会遭到社会的惩罚，甚至会付出惨痛的代价。

（二）礼仪的发展性

礼仪的发展性不仅体现在不同的历史时期创造了不同的礼仪文化，也体现在礼仪文化的传承。

1. 传统礼仪文化的发展需要传承与创造性转化

随着时代和社会的发展与变迁，传统礼仪文化中的一些内容已不适合现代社会，需要在顺应现代经济、文化、技术等新形势的情况下进行创造性传承和转化。

实现传统礼仪文化的传承和转化，最基本也最行之有效的方法便是使其回归家庭、学校、社会，并且融入生活的方方面面，让传统礼仪文化与现代礼仪形成相互兼容的良好关系。以家庭、学校和社会为载体开展传统礼仪文化教育，可以有效地在现代礼仪文化中融入传统礼仪文化的精神内涵，使得传统礼仪文化在现代文化传播中具有一定的影响力。

2. 传统礼仪文化的发展需要创新

中华优秀传统文化是社会主义核心价值观的重要源头，弘扬中华优秀传统文化可以展示社会主义核心价值观的底蕴与内涵。“仁、义、礼、智、信”是中华传统礼仪文化的核心价值观，也是社会主义核心价值观的重要源头。

在国家层面，需建立“五个文明”新秩序、新规范，在创新传统礼仪文化内容时需遵循“富强、民主、文明、和谐”的基本要求。在社会层面，需以礼仪精神保障公民基本权利，为健全平等思想创造环境，引导人们遵循“自由、平等、公正、法治”的要求。在个人层面，需不断加强自身道德品质建设，以“爱国、敬业、诚信、友善”为自律要求。

3. 传统礼仪文化的发展需要完善教育机制

在家庭教育方面，需要对传统孝道和家庭礼仪规范进行现代转化，以言简意赅、易于理解接受的形式在家庭中推广传统家规、家训、家风，实现其当代价值。

（三）礼仪的民族性

不同国家、民族，由于其历史文化传统、语言、文字、活动区域不同，以及其在长期的历史发展过程中形成的素质特征不同，因此，相应的礼仪都带有本国、本民族的特点。例如，我国自古以来就是一个地域辽阔的多民族文明古国，56个民族各有体现本民族特点的礼仪规范，呈现出多姿多彩的礼仪形态。但是我国又是一个统一的国家，不同民族及地区的礼仪规范在国家统一的长期历史发展中逐步融汇、凝固起来，形成统一的中华民族礼仪规范。在辽阔的中华大地上，尽管各民族、各地区在具体礼仪方面存在着某些差异，但是各民族、各地区的礼仪又是相互联系、相互沟通、互为补充的。在我国与外国的往来中，统一的中华民族礼仪已成为促进国际友好交往、和平相处的重要手段，体现了我们中华民族的自信和尊严。

（四）礼仪的国际性

每个民族都在自己独特的语言环境、共同的生活地域以及统一的生活习俗的基础上，形成了适合自己风俗习惯的一套礼仪。因此，尽管不同民族的礼仪有所差异，但尊老爱幼、礼貌待客、遵时守约等符合大多数人礼仪取向的基本礼仪，是全球各民族人民所共同遵守的准则。在不断加强、不断扩大的国际交往中，以讲究文明、相互尊重为基础的现代国际礼仪，已经逐步规范化和完善化，在国际范围内也形成了被广泛认可和通用的礼仪规范和准则，因此礼仪又具有国际性。

四、礼仪的构成要素

礼仪主要有以下四个构成要素。

（一）礼仪主体

礼仪主体是指各种礼仪行为和礼仪活动的操作者和实施者，它包括个人和组织两种类型。

（二）礼仪客体

礼仪客体是指各种礼仪行为和礼仪活动的指向和承受者。礼仪的主体和客体相互依存，在一定条件下可以相互转化。

（三）礼仪媒体

任何礼仪行为和礼仪活动都必须依托一定的媒介，这种媒介就是礼仪媒体。宏观上，可以将礼仪媒体分为人体礼仪媒体、物体礼仪媒体和事体礼仪媒体。

（四）礼仪环境

礼仪环境是指实施礼仪行为和活动的特定时间和空间条件。

五、礼仪的规律

（一）约定俗成律

约定俗成律是指各种礼仪规范都是在社会生活中共同议定、众所习用而形成的。

（二）等级相称律

等级相称律是指礼仪是划分一定等级的，礼仪的等级与礼仪主体和客体的等级应相称。等级相称律从根本上讲就是礼仪等级的规模、规格和形式都要恰如其分。

（三）时空有序律

时空有序律是指一切礼仪行为和礼仪活动中的时间顺序、空间顺序都有意义，是礼仪主体和客体等级秩序的体现。

时空有序律体现在时间和空间的顺序安排都应尽可能优先考虑尊者、长者、亲者，即如果礼仪对象是尊者、长者、亲者，应设法“将方便留给对方，把困难留给自己”。

（四）客随主便律

客随主便律是指处于客位的当事人应遵循处于主位的当事人所在地的礼仪规范，这里的主客位是根据礼仪活动所在地域来划分的。这是礼仪民族性和地域性的一个重要表现。俄罗斯有一则谚语：“不要把自己的规矩带到别人家中。”非洲也有一则谚语：“到了独脚人居住的村子，就应该用一条腿走路。”在法国，主人用香槟、红酒这类果酒招待客人，客人就不能非让主人上白酒。这些都体现了客随主便律。

六、礼仪的功能

（一）礼仪是塑造形象的重要手段

礼仪讲究和谐，重视内在美和外在美的统一。礼仪在行为美学方面指导着人们不断地充实和完善自我，并潜移默化地熏陶着人们的心灵。

形象是一个人的形体外观，是在社交中于他人心目中形成的综合化、系统化的印象，是影响人际交往的重要因素。出于自尊的原因，人人都希望自己在公众面前有一个良好的形象，以受到别人的信任和尊重，使人际关系和谐、融洽。所以，人们非常重视为自我塑造一个良好的社会形象。

礼仪是塑造形象的重要手段。在社交活动中，交谈讲礼仪，可显形象文明；举止讲礼仪，可显形象高雅；穿着讲礼仪，可显形象大方；行为讲礼仪，可显形象美好。总之，形象会随着人对礼仪重视程度的提高而提升。

（二）礼仪是沟通和协调关系的桥梁

礼仪是一种信息性很强的行为，每一种礼仪行为都表达一种甚至多种信息。热情的问候、友善的目光、亲切的微笑、文雅的谈吐、得体的举止等，不仅能唤起人们的沟通欲望，使彼此建立起好感和信任，而且可以促成交流合作、扩大社交范围，进而促进事业的发展。而礼仪所表现出的尊重、平等、真诚、守信等精神和周全的形式，也有助于化解矛盾，融洽人际关系。

在人际交往中，礼仪的原则和规范，约束着人们的动机，指导着人们立身处世的行为方式。不论在何种关系中，维系人与人之间沟通与交往的礼仪，都承担着润滑剂和桥梁的作用。如果交往各方都能够按照礼仪的规范约束自己的言行，那么不仅可以避免某些不必要的感情对立和矛盾冲突，还有助于建立和加强人与人之间相互尊重、友好合作的新型关系，使人际关系更加和谐、社会秩序更加有序。

（三）礼仪能够提高人的综合素质

礼仪是人类社会进步的产物，是传统文化的重要组成部分。礼仪蕴涵着丰富的文化内涵，体现着社会要求与时代精神。礼仪通过评价、劝阻、示范等教育形式纠正人们不正确的行为习惯，指导人们按照礼仪规范的要求去协调人际关系，维护社会正常生活。礼仪教育可以从整体上提高人的综合素质。

礼仪是一种高尚、美好的行为方式，它可以净化人的心灵，陶冶人的情操，提高人的品位。在礼仪的熏陶下，人们会自觉地提高自身的修养，改正自身的缺点，成为一个道德高尚的人。另外，遵守礼仪规范的人也起着榜样的作用，无声地影响着周围的人。

（四）礼仪能够促进社会和谐

礼仪作为社会行为规范，对人们的行为有很强的约束力。在维护社会秩序方面，礼仪有着法律所不能替代的作用。社会的发展与稳定，家庭的和谐与安宁，邻里之间的和睦与互助，同事之间的信任与合作，都依赖于人们共同遵守礼仪的规范与要求。讲礼仪的人越多，社会将越和谐、越稳定。

七、现代礼仪的类型

现代礼仪与古代礼仪有很大差别。学习现代礼仪必须舍弃那些为剥削阶级服务的礼仪规范，着重选取对现代文明仍有积极意义的传统文明礼仪，如尊老敬贤、礼貌待人、容仪有整等，并加以完善与传承。

现代礼仪可以分为以下几类。

（1）政务礼仪：它是国家机关工作人员在执行国家公务和相应工作时应遵守的礼仪。

（2）商务礼仪：它是企业从业人员在商务交往及相关工作中应遵守的礼仪。

（3）服务礼仪：它是服务行业（如酒店、旅行社、银行、保险公司、医院等）的从业人员在工作中应遵守的礼仪。

（4）社交礼仪：它是人们在社会交往中应遵守的礼仪。

（5）国际礼仪：它是不同国家的人打交道时应遵守的礼仪。

在上述各类礼仪中，政务礼仪、商务礼仪、服务礼仪等，主要是按照行业划分的，并且是人们在工作岗位上应遵守的，故可称为行业礼仪或职业礼仪。而社交礼仪和国际礼仪，则主要是以交往范围为依据划分的，故可称为交往礼仪。

八、现代礼仪的特征

现代礼仪具有规范性、传承性、时代性、差异性、可操作性和通用性六大特征。

（一）规范性

礼仪是一种规范，礼仪规范不是人们抽象思维的结果，而是对人们在社会交往实践中所形成的一定礼仪关系的概括和反映。

遵循礼仪规范，就会得到社会的认可和嘉许；违反礼仪规范，可能就会到处碰壁、招致反感、受到批评。

（二）传承性

作为人类文明的积累，礼仪的发展从未中断，代代相传。将人们交际应酬中的习惯做法固定下来，流传下去，并逐渐形成自己民族的特色，这不是一种短暂的社会现象，而且不会因为社会制度的更替而消失。现代礼仪正是吸收了传统礼仪中的精华，并在实践中逐步形成和发展起来的，并且会继续传承下去。

（三）时代性

在社会生活中，礼仪是人们约定俗成的行为规范，它是在人们相互交往中传播、继承、相沿成习，最终积淀下来的。在这个过程中，传统礼仪中那些烦琐、保守的内容不断被摒弃，那些体现人类精神文明和社会进步的礼仪、代表中华民族传统文化本质和主流的礼仪，得以世代相传，并被不断完善和发扬。

礼仪作为一种行为规范，随着社会的进步而不断发展、丰富和完善。现代礼仪的发展变化趋势是礼仪活动内容将变得更加文明、简洁和实用。现代礼仪反映了时代精神，体现了新时代的道德规范。

（四）差异性

不同国家、民族，或者同一国家的不同地区，有着不同的礼仪，有的礼仪规范甚至截然相反，其中，礼仪的民族性差异较为明显。中西礼仪的差距是人所共知的，基于东方文化和西方文化的差别，中西礼仪呈现了各自的地域特色。

民间有“百里不同风，千里不同俗”的说法，不同的文化背景产生了不同的礼仪文化。一个国家、地区、民族的礼仪规范是人们在长期的共同生活中逐步形成、积累和发展起来的。由于国家、地区、政治、经济、文化等影响礼仪形成的因素不同，因此，礼仪不可避免地具有一定的差异性。

礼仪的差异性要求人们在社交和礼仪活动中，既要注意各个国家、地区、民族文化的共同之处，又要注意相互间的文化差异；既要自尊，又要尊重他人，科学恰当地处理礼仪活动中的碰撞问题。

（五）可操作性

切实有效、实用可行、规则简明、易学易会、便于操作，是礼仪的主要特征。礼仪不是纸上谈兵、空洞无物、不着边际、夸夸其谈，而是既有总体上的原则和规范，又在具体的细节上有一系列的方式和方法。仔细周详地对礼仪原则、礼仪规范加以贯彻，就可把礼仪落到实处。

礼仪的易记易行，能够为其广觅知音，使其被人们广泛地运用于交际实践，并受到广大公众的认可。反过来，在实际使用礼仪的过程中，人们也应进一步促进礼仪简便易行，使礼仪更加容易操作。

（六）通用性

礼仪随着社会生产、人们生存环境和生活形态的变化而不断充实完善，而礼仪的内容大都以约定俗成的民俗习惯、特定文化为依据，集中地反映了一定范围内人们共同的文化心理和生活习惯，因此礼仪带有明显的通用性特点。礼仪被应用于人们的社会交往之中，其范围和准则必须得到广泛的认可，才能在相当的范围内被人们共同遵守，这也决定了礼仪具有通用性的特点。随着人们交往范围的不断扩大，原先由于地域和文化交流限制所造成的礼仪规范差异逐渐被打破，许多礼仪形式被越来越多的人接受和认可，礼仪的通用性特点将会日趋明显。

九、现代礼仪的原则

大学生在日常生活、学习中学习和应用礼仪时，应该掌握以下几个原则。

（一）平等原则

礼仪中的平等原则，是指人们在人际交往中，以礼待人、有来有往，既不盛气凌人，也不卑躬屈膝。平等原则是现代礼仪的基础，是现代礼仪有别于传统礼仪的最主要原则。

（二）尊重原则

尊重这一原则是礼仪的重点和核心。古人云：“敬人者，人恒敬之。”在人际交往中，只有相互尊重，人与人的关系才会融洽、和谐。

（三）诚信原则

诚信就是诚实、守信。它泛指为人真诚、讲信用，一诺千金，言行一致，遵守约定等。现代礼仪中的诚信原则一般包括两个方面：一是为人处世真诚、尊重事实、实事求是；二是与人打交道时信守承诺。

（四）自律原则

自律是礼仪的基础和出发点。人们学习、应用礼仪，最重要的是要自我约束、自我对照、自我反省，严格按照礼仪规范要求自己，然后经过长期不懈的努力，逐渐使其成为一种行为和内心情感的自觉。礼仪对人的行为的规范作用从人的外在表现开始，之后逐渐深入人的内心，最终使人在精神层面达到自律。

（五）宽容原则

人们在交际活动中运用礼仪时，既要严以律己，也要宽以待人。宽容，往往折射出待人处世的经验和良好的涵养。真正的宽容来自一个人内心的力量，人们待人宽容的同时，自我的内心也得到了进一步的完善。

（六）遵守原则

在交际活动中，每一位参与者都应自觉、自愿地遵守礼仪规范，用礼仪规范约束各自的言行举止。超越规范的言语行为往往会给他人带来不便或伤害。人们自觉遵守礼仪规范，就要在礼的范围内待人做事，这样才能赢得他人的尊重并达到较好的交往效果。

（七）适度原则

适度原则是指在与人交往的过程中，人们应在熟悉礼仪规范的基础上，注意各种情况下的社交距离，把握与特定环境相适应的人们彼此间的感情尺度、行为尺度、谈吐尺度，以建立和保持健康、良好、持久的人际关系。

（八）从俗原则

礼仪非万古不易、万国一统，因此要因地制宜、因时制宜、因人制宜。故人们有“入境而问禁，入国而问俗，入门而问讳”的共识。从俗原则是指交往各方都应尊重彼此的风俗、习惯，了解并尊重各自的禁忌。由于国情、民族文化背景不同，因此人们在交往中应坚持入乡随俗，以传达对交往对象的尊重。

（九）互谅原则

人们在交往活动中既要遵守平等原则，同时在特定条件下也要理解对方的一些行为，不应过多地挑剔对方。交往双方都自觉换位思考，多从他人角度出发考虑问题，可以使交往更加和谐和顺畅。

十、大学生学习礼仪的意义

当今社会，人们常把礼仪看作一个国家、一个民族的价值观念、道德规范和行为方式的体现，把文明礼貌程度高低作为衡量一个国家和民族是否发达的标准之一。对个人而言，礼仪则是衡量道德水准的尺度。在市场经济大潮之下，社会对大学生的个人素质提出了更高的标准和更加具体的要求：知书达理、待人以礼、仪表风度高雅、个人形象良好等。因此，大学生学习礼仪具有深远的现实意义。

（一）有利于培养高尚的道德情操

所谓情操，是指由感情和思想综合起来的不能轻易被改变的心理状态。礼仪不仅反映了一个人的交际能力与应变能力，而且反映了一个人的道德情操、精神面貌。通过一个人在社会生活中对礼仪运用的程度，可以察知其教养水平、文明程度和道德水平的高低。

礼仪反映了人们在共同生活、彼此交往中最一般的道德关系，是保证交往活动顺利进行和社会生活正常运作的重要因素。而“大学生现代礼仪”是一门具有较强的实践性和实用性的课程，课程中系统的礼仪教育可以丰富大学生的礼仪知识，让大学生掌握符合社会主义道德要求的礼仪规范，并指导大学生在实际生活中按照礼仪规范来约束自己的行为，真正做到“诚于中而行于外，慧于心而秀于言”，把内在的道德品质和外在的礼仪形式有机地统一起来，使大学生成为名副其实的有较高道德素质的现代文明人。

（二）有利于培养优雅的气质

优雅的气质是指人的一种能吸引他人的稳定的特征。气质本来是心理学的一个概念，指一个人心理活动的动态性特征，是个性的组成部分。不同的人具有不同的气质，认识问题、处理问题、待人接物也会因此而有差异。人的气质尽管是最稳定的一种心理特征，但是仍然会在环境的影响下发生一定的变化，具有一定的可塑性。因此，大学生在了解自己气质类型及特点的基础上，应采取适宜的方式进行磨炼修养，以便后天获得良好的气质。

大学生通过学习和运用礼仪可以发扬气质的长处，弥补气质的短处，形成个性化的、优雅的、令人欣赏的气质。可见，学习礼仪知识和践行礼仪规范是培养优雅气质的有效途径。

（三）有利于培养优美的仪表风度

优美的仪表风度是一个人的德、才、学、识等内在素质的表现，是通过言谈举止、装束打扮、态度作风反映出来的受人欢迎的整体形象。人们常常用文质彬彬、风度翩翩来形容一个人的风度。每个人都希望自己与人交往时潇洒大方、不拘束、不呆板、气度不凡，但优美的仪表风度不是一蹴而就的，要想拥有优美的仪表风度，不仅要有丰富的内涵，而且要言谈举止得体，需要人们在漫长的社会生活中不断地学习、积累。大学生通过学习礼仪知识，既可以丰富自己的内涵，又可以规范自身的言行、塑造良好的形象、培养优美的仪表风度。

（四）有利于建立融洽的人际关系

人际关系是人类社会生活中极为重要的关系。一个人如果没有良好的人际关系，就无法满足个人对归属感、受尊重感的需要。如果一个单位或者整个社会人际关系混乱、紧张，就不会有和谐安定的局面。

礼仪作为一种规范、程序，作为一种凝固下来的文化传统，对人与人之间的关系起着固定、维护和调节的作用。人们生活中的各种关系都受着传统的、现实的礼仪规范的约束。例如，在家庭中，父母爱子女，但更要教育好子女，决不能溺爱子女；子女则要尊敬父母，孝敬父母；朋友之间要以信为先，受人点滴之恩，当涌泉相报。

大学生学习和掌握礼仪的基本知识和规范，有助于他们顺利地开启各种交际活动的大门并建立和谐融洽的人际关系。

（五）有利于提高社会心理承受力

礼仪教育是一个人在社会化过程中必不可少的重要内容。任何一个生活在某一礼仪习俗和规范环境中的人，都自觉或不自觉地受到相应礼仪的约束。自觉地接受社会礼仪约束的人，被认为是成熟的人、符合社会要求的人。大学生作为“准社会人”，既有走向社会的强烈需要，又普遍存在一些畏难意识。大学生的社会心理承受力直接影响其交际活动的质量。一个人若具有良好的心理承受力，那么他在交际活动中遇到各种困难时，就能始终保持沉着稳定的心态，根据所掌握的信息，迅速采取合理的行为方式。因此，学习礼仪，掌握符合社会要求的各种行为规范，不仅满足了大学生走向社会的需要，而且还可以培养大学生适应社会生活的能力，提高大学生的社会心理承受力。

（七）有利于提高文化素质

文化素质教育主要是指通过人文学科的教育去塑造和培养大学生的内在品格和修养，即塑造高尚的精神境界和高品位的文化境界。人文教育有明显的教化功能，它作用于人的情感状态，影响和改变人的价值观、人生观、个性等。大学生人文教育的最终目标是教会大学生与他人相处，做一名文明人。而大学生礼仪教育涵盖了中华民族的文化教育和道德教育，能更直接地教会大学生如何与人相处，如何做文明人。

（八）有利于强化文明行为

现代礼仪教育是社会主义精神文明教育的基础内容。通过现代礼仪教育，可以使大学生明白言谈、举止、仪表和服饰能反映一个人的思想修养、文明程度和精神面貌。大学生礼仪教育的根本目标是要教育、引导全体大学生自觉遵守社会主义道德规范以及相应的礼仪要求，提高大学生的文明素养，强化大学生的文明行为，促使社会形成良好的风尚，使人与人之间、人与社会之间达到高度的和谐与有序，从而提高整个社会的精神文明程度。

十一、大学生礼仪的培养

（一）大学生个人的主观能动性是培养个人礼仪的坚实基础

大学生个人的主观能动性，是其行为和思想发生变化的根本条件，也是其提高自身素质、形成良好礼仪风范的基本前提。作为社会个体，大学生只有首先具备了勇于战胜自我、不断完善自身的思想意识，才能发挥出自己的主观能动性，在行动中才可能表现出较强的自律性，自觉克服自身的不良行为习惯，自觉抵御失礼行为。同时，大学生只有努力学习、不断进取，才能使礼仪规范深植内心。

（二）教育的推动力是培养大学生个人礼仪的重要手段

大学生礼仪教育，包括培养大学生提高对礼仪的认识、陶冶讲礼仪的情操、锻炼讲礼仪的意志、确立讲礼仪的信念，以及养成讲礼仪的习惯等，是塑造大学生精神面貌的系统工程，需要施教者与受教者的共同努力。其中，施教者对受教者的引导、指点和言传身教至关重要，它能使受教者从中得到真正的感悟，进而提高自身的内在素质。

（三）环境的影响是培养大学生个人礼仪的外在因素

大学生个人礼仪的形成，除了个人的主观能动性和教育的推动力外，还受到个人所处社会环境的影响。不同的环境造就不同的人，环境对大学生的感染和影响是潜移默化的。环境对人的思想、行为，尤其是对个人礼仪的形成具有非常重要的影响。

课后思考

1. 古人认为，举止端庄、进退有礼、执事谨敬、文质彬彬，不仅有利于个人保持自身的尊严，还有助于进德修业。《弟子规》要求："冠必正，纽必结，袜与履，俱紧切。"你认为这些传统礼仪规范对大学生来说有何积极意义？

2. 当前，在校园和其他公共场所，大学生的一些言谈行为损害了大学生的形象。结合校园实际，谈谈大学生应该怎样树立良好的个人形象。

第二章　大学生仪容礼仪

第一节　仪容礼仪概述

教学目标及要求

了解仪容的概念和基本要素。

教学重难点

大学生仪容美的标准。

教学方法

讲授法、实践操练法。

知识链接

大学生的个人形象代表着高校的整体形象。大学生注重个人形象，首先要保持整洁干净的仪容，体现仪容美。

从微观上讲，大学生仪容美是个人良好形象与自尊自爱的表现，代表着个人的精神面貌；从宏观上讲，大学生仪容美是所在学校形象的标志，也是高校文明水平和管理水平的体现。

一、仪容的概念

仪容是指人的仪表、容貌，尤指外貌和气质。仪容是个人仪表的基本要素。

仪容由皮肤、面容、发型构成，面容是其重点。在人际交往中，每个人的仪容都会引起交往对象的关注，并会影响交往对象对其的整体评价。

二、仪容的基本要素

仪容的基本要素是皮肤、面容、发型，主要要求为整洁干净。好的仪容是面容五官构成和谐、发型利落、肌肤健美，整体上给人以健康自然、鲜明和谐、富有个性的深刻印象。

大学生的仪容礼仪主要包括皮肤护理、面容修饰、发型设计等几个方面。

三、仪容礼仪的要求

（一）仪容要有自然美

仪容要有自然是指一个人的外貌在保持个人面容的独特性的同时，能够展现出不同年龄阶段的自然特征。尽管以貌取人不合情理，但不可否认，好的仪容相貌会令人赏心悦目。

（二）仪容要有修饰美

仪容要有修饰美是指我们需要依照修饰原则与个人条件，对仪容进行必要的修饰，扬长避短，提升个人形象。

（三）仪容要有内在美

仪容要有内在美是指我们需要通过努力学习，不断提高个人的文化、艺术素养和思想、道德水准，培养出高雅的气质，秀外慧中、表里如一。

实质意义上的仪容美，应当是上述三个方面的高度统一。这三者之间，内在美是境界最高的，自然美是人们的心愿，修饰美则是仪容礼仪关注的重点。

四、仪容修饰原则

仪容非常重要，它反映出一个人的精神状态和礼仪素养，是人们交往中的“第一形象”。天生丽质、风仪秀整的人毕竟是少数，在现实生活中，大学生可以靠化妆修饰、发式造型、着装佩饰等手段，弥补和掩盖容貌、身材等方面的不足，展露自身美好的一面，使外在形象得以美化。

为了维护良好的个人形象，大学生有必要进行仪容修饰。仪容修饰要体现出美感，主要应遵循以下几个原则。

（一）适体性原则

适体性原则是指仪容修饰应与大学生自身的性别、年龄、容貌、肤色、身材、体型、个性、气质及学生身份等相适宜、相协调 。

（二）T.P.O. 原则

T.P.O. 原则即时间（Time）、地点（Place）、场合（Occasion）原则，是指仪容修饰要随着时间、地点、场合的变化而变化，以使仪容与时间、环境氛围、特定场合相协调。

（三）整体性原则

整体性原则是指仪容修饰要先着眼于整体，再考虑局部，以使自身的诸多因素协调一致，营造出整体美的效果。

（四）适度性原则

适度性原则是指仪容修饰无论是在修饰程度上，还是在修饰技巧上，都应把握分寸，以达到自然适度的效果。

五、大学生仪容美的标准

（1）整体。整体给人感觉整齐、清洁、自然、大方得体、神采奕奕、充满活力。

（2）头发。头发整洁，不宜染色，前不遮眉，侧不过耳，后不触领（女生头发长度过肩要扎起），不宜使用夸张耀眼的发夹。

（3）耳饰。女生宜戴颜色清淡的小耳环（无坠）。

（4）面貌。精神饱满，表情自然，不带个人情绪。可面施淡妆，但不要用有浓烈香气的化妆品，不要用颜色夸张的口红、眼影、腮红等，妆容脱落时，要及时补妆。

（5）手。不留长指甲，不涂颜色艳丽的指甲油，除手表外不佩戴其他饰品。

（6）衣服。衣服合身、平整、清洁、无油污，校徽佩戴于左胸，长衣袖、长裤管不能卷起，佩戴的项链和饰物不可夸张，不可穿奇装异服。

课后思考

1. 大学生仪容美的要求有哪些？

2. 联系校园实际，谈谈你对大学生仪容礼仪缺失的看法。

第二节 皮肤护理

教学目标及要求

大学生在学习和生活中要注重仪容美，要保持仪容整洁，就要学会对自己的皮肤进行护理。

教学重难点

了解皮肤的分类、特点及相关护理要点。

教学方法

讲授法、任务实施法。

知识链接

虽然年轻就是最好的保养品，但大学生还是要在日常生活中注意保养皮肤，让肌肤保持清洁、健康。

一、皮肤的分类及特点

（一）皮肤的分类

人的皮肤根据肤质、纹理、光泽、弹性、毛孔、痤疮、细纹等，大致分为中性、油性、干性、混合性四种类型。

（二）各类皮肤的特点

1. 中性皮肤

中性皮肤皮脂分泌均衡，肤质细腻、有光泽、富有弹性，毛孔细小，很少或没有瑕疵、细纹，看上去组织紧密、厚薄适中、光滑柔软，多见于青春发育期前的少女少男。

2. 油性皮肤

油性皮肤皮脂分泌旺盛，肤质较厚，毛孔粗大，皮肤呈油亮感，容易长粉刺和痤疮，不易产生皱纹。

3. 干性皮肤

干性皮肤肤质细腻，毛孔细小，皮脂分泌不足且缺乏水分，容易干裂、脱皮，缺乏光泽，容易出现细纹，容易过敏，彩妆维持较持久。

4. 混合性皮肤

混合性皮肤皮脂分泌不均衡，一般额头、鼻子、下巴属于油性肤质，两颊、眼睛四周则属于中性或干性肤质，对阳光中的紫外线敏感。约80%的女性属于混合性皮肤。

二、皮肤的清洁

对于大学生来说，做好皮肤护理，最重要的就是做好皮肤清洁。

皮肤细胞每28天更新一次，在代谢过程中每天都有老化细胞产生。老化细胞若得不到及时清理，就会堵塞毛孔，阻碍皮肤的正常生理作用，使皮肤无法吸收外来的营养，无法排出代谢废物，从而造成痤疮、粉刺、皱纹、黑斑等皮肤问题。因此，正确清洁皮肤非常重要。面部皮肤的清洁可采用干洗或水洗两种方式。

（一）干洗

干洗需要使用洗脸专用的清洁乳。清洁乳是一种稀释的清洁剂，也是收缩毛孔的产品之一，通过按摩揉擦能清除脸上残留的化妆品，并且深入毛孔清洁，最后用清水洗净即可。

（二）水洗

水洗时，洗脸水的温度最好接近体温，避免使用过冷或过热的水洗脸，水温太低不容易洗干净，水温太高又会洗去过多的皮脂。选择香皂或洗面奶时，应选择适合自己肤质的产品。

三、大学生日常皮肤保养的方法

（一）保持身心健康

皮肤与机体是一个整体，皮肤与内脏器官有密切的关系。不少内脏疾病都可以反映在皮肤上，并损害皮肤的状态。只有拥有强壮的身体和愉悦的心情，才能有健康的皮肤。因此，大学生要想保持皮肤健康应尽量做到以下两点。

（1）坚持体育锻炼，增强体质；多参加户外活动，呼吸新鲜空气。

（2）保持乐观和愉悦的心情。情绪变化可以通过神经和内分泌系统影响皮肤的营养和新陈代谢情况，当人心情舒畅、兴奋、喜悦时，副交感神经兴奋，皮肤血管舒张，血流加快，可以增强皮肤活力，同时可以调节内分泌系统的功能，使人面色红润、容光焕发。

（二）补充水分

水是皮肤的最佳营养剂，皮肤可以吸收相当于其两倍体积的水，同时水在机体中也发挥着重要的生理作用。

（1）水能够参与并保证物质代谢过程的正常进行。

（2）水可以调节体温。

（3）水参与体内物质的运输。

（4）水能维持脏器的形态并保证腺体正常分泌。

补充足够的水分对皮肤保养是非常重要的。补充水分要内部供水（从饮水、饮料、蔬菜、水果以及其他食物中摄取）与外部供水（涂润肤乳、敷面膜、蒸汽浴面等）相结合。

（三）科学护肤

洗澡时，应根据自己的肤质，选用合适的沐浴露。洗完澡后，应及时给皮肤涂一些润肤乳。洗脸时，也应根据自己的肤质选用适合的洁肤产品。洗澡或者洗脸时，水温都不宜过低或过高。

干性皮肤的人在洗完脸后应涂一些具有保湿作用的滋润型乳液，以补充水分，同时避免增加皮肤的油脂负担。

油性皮肤的人在彻底清洁脸部后宜涂一些质地清爽、不含油脂且具有高度保温效果的护肤品。

中性皮肤的人可选择的护肤品的范围很广，具体可根据自身情况使用一些适合自己的护肤品。

混合性皮肤的人不适合使用滋润性强的护肤品。

（四）科学饮食

日常饮食应多吃各种蔬菜、水果、鲜奶、鸡蛋等，这些食物中含有许多保健皮肤的维生素。除此之外，还要注意摄入一些矿物质，如镁、钾等，这些矿物质可消除疲劳、帮助消化、促进血液循环，有利于皮肤的保养。

课后思考

人的皮肤可以分为几种类型？每种类型皮肤的特点是什么？

课后实践

全面分析自己皮肤的特点，选择一款适合自己的洁面产品并试用。

第三节　面容修饰

教学目标及要求

熟悉面容修饰的基本要求，掌握化妆的基本知识，学会根据自身条件进行面容修饰。

教学重难点

掌握眉毛和眼睛的修饰方法。

教学方法

讲授法、示范法、项目教学法。

知识链接

面容是个人仪表的重要组成部分，仪容美在个人礼仪中占有举足轻重的地位。

面容修饰是指依照规则、场合与个人条件，对面容施以必要的修饰，扬长避短，塑造出最佳的个人形象。这样不仅可以在人际交往中给自己增加自信，也可给人以美的享受。所以，在人际交往过程中，对面容做必要的修饰是一项基本礼仪。面容修饰的基本原则为美观、整洁、卫生、得体。

一、大学生面容修饰的基本要求

（一）男生面容修饰的基本要求

男生应养成每天修面剃须的好习惯，忌满面胡茬地参加各种社交活动，忌眼、耳有明显分泌物，忌鼻毛外露，忌牙齿缝中有食物残渣。

（二）女生面容修饰的基本要求

女生面容修饰主要依靠化妆，妆容应保持干净健康，化妆的浓淡要依据场合而定，在日常生活中不宜化浓妆，在公共场合不宜当众化妆或补妆。

二、化妆的基本知识

化妆是指人们在日常生活中，以艺术的手法使用化妆品，达到装扮自己的目的，扬长避短，达到仪容美的效果。化妆是一种修饰美化艺术。

（一）化妆的目的

1. 日常生活的需要

大学生在日常生活中可采用适当的妆容展现面部的好气色，表达个性的同时更可增添自信，这样便可以愉快的心情投入学习和生活之中。

2. 社会交往的需要

在校园生活和学习中，大学生难免要进行社会交往。大学生通过正确、得体的化妆，辅以适当的服饰、发型及良好的修养、优雅的谈吐，可以在公共场合展现大学生的审美和精神魅力，起到尊重他人、交流感情、增进友谊的作用。

3. 校园活动的需要

大学生在校园活动中通过适度的化妆，不仅可以在别人面前充分展示自己健康、自信的一面，还可以为所在班级、学校、组织的形象加分，给人以美的享受，反映出新时代大学生的精神风貌。

（二）化妆的特点

1. 因人而异

化妆应根据每个人的自身特点和审美进行，流行的不一定就适合自己。

2. 因地而异

大学生应根据不同的场合选择适宜的妆容。

3. 因时而异

化妆应充分考虑时代的要求，大学生化妆忌标新立异、以丑为美。

（三）化妆的原则

1. 扬长避短

化妆时应突出自己面部的优点，以转移他人对自己面部不足之处的注意力。

2. 自然真实

化妆既要达到修饰的目的，又要不失自然本真美。

3. 整体协调

完美的形象应该是妆面、发型、服饰等协调一致。

（四）化妆的四要素

正确、准确、精致、和谐是化妆的四要素。

1. 正确

正确指化妆要遵循一些化妆的基础原则，使化妆的部位与色彩搭配协调，否则妆面就会给人一种庸俗、碍眼的感觉。

2. 准确

正确偏重于掌握化妆的理论性原则，准确则是指个体在运用化妆技巧时，将化妆的相关理论知识准确地运用在现实操作中。

3. 精致

精致是人审美品质的一种表现形式，精致的妆面可呈现出晶莹剔透的肤色、自然清晰的眉毛、流畅饱满的唇部等。

4. 和谐

和谐是化妆的较高境界，主要包含三个层面：一是妆面的和谐，主要指用色、塑形的和谐；二是整体形象的和谐，主要指妆面与发型、服饰等的和谐；三是外部环境的和谐，主要指妆面要表达的气质与要出席的场合，自身的年龄、职业及社会地位的和谐。

（五）化妆的程序

标准的化妆程序为洁面、涂化妆水、涂妆前乳、打粉底、选高光色、调阴影色、定妆、局部遮瑕、画眉毛、画眼线、画眼影、贴假睫毛、打腮红、画唇线、涂口红。

三、化妆用具的选择与应用

1. 粉扑

粉扑是用来涂敷粉底的工具。使用前可将粉扑用清水浸湿，再用干毛巾按压，使其呈潮湿状。用这种状态的粉扑涂敷粉底，可使粉底与皮肤之间有较强的“抓力”，可使底妆更自然服帖。

2. 干粉扑

干粉扑是用于扑拍蜜粉的定妆工具。干粉扑在接触蜜粉表面时要揉搓几下，使蜜粉在干粉扑上分布均匀。在使用干粉扑时，应采取在脸上轻按的方法，切记不要在皮肤上边按边移动干粉扑，以免破坏刚化好的底妆。

3. 化妆刷

化妆刷是用于画眼影、腮红及掸浮粉的工具，腮红刷与粉刷应分开使用，使用化妆刷时应用毛刷的刷腹接触面部。

4. 眉刷

眉刷是用于涂画眉毛的工具。此外，它还可将眉毛上过重的眉粉晕染开，使眉色自然协调。

5. 眉钳及剃刀

眉钳及剃刀是用于修整眉型或发际线的工具。眉钳可将眉毛及发际线的头发连根拔除，剃刀则可将皮肤之上的眉毛或头发切断。

6. 眉剪

眉剪是用于修整过长或杂乱下垂的眉毛的工具。用眉剪修整过的眉毛会显得整齐、清秀。

7. 睫毛夹

睫毛夹是可使睫毛卷翘的化妆工具。夹睫毛的操作一般分三次进行，依次夹住睫毛根部、中部、梢部并上抬，可使睫毛产生弧度并自然上翘。

8. 睫毛梳

一般涂完睫毛膏后可用睫毛梳将睫毛理顺，以免睫毛粘在一起。

9. 唇线笔

唇线笔是用于勾画嘴唇轮廓线的工具。

10. 眼线笔

眼线笔是化妆时用于勾画眼部轮廓线的工具。

11. 棉棒

棉棒是用于擦拭细小部位的化妆工具，此外它还可用于眼影的晕染。

12. 假睫毛

贴假睫毛可使眼睛更加有神。

13. 双眼皮贴

双眼皮贴可将单眼皮化妆成双眼皮，此外它还可矫正下垂的眼皮。

四、面部的型和比例

（一）面部的型

面部的型是指头部和面部共同构成的长方体，存在着内外轮廓的转折关系。

（二）面部的比例

美学家通过对人五官的分布比例的研究得出，“三庭五眼”是最为标准的五官分布比例，此时脸长与脸宽的比例为1∶0.618。

1. 三庭

三庭是指脸的长度，把脸的长度分为三个等分，从前额发际线至眉底线为上庭，从眉底线至鼻底为中庭，从鼻底至下巴底部为下庭，每一部分各占脸长的1/3。

2. 五眼

五眼是指脸的宽度，以一只眼睛的长度为单位，把脸的宽度分成五个等分，即左侧发际与右侧发际之间的距离为五只眼睛的宽度。两眼之间为一只眼睛的宽度，两眼外侧至两侧发际边缘各为一只眼睛的宽度，每一部分各占脸宽的1/5。

五、面部的局部修饰

要想掌握整体面部的修饰方法，应先熟练掌握构成整体面部的各个局部的修饰方法，然后才能追求妆容的整体协调和变化。下面着重讲解眉毛的修饰和眼睛的修饰。

（一）眉毛的修饰

眉毛的形状、色调是区别妆面特点的主要部位，可展示人的个性和情绪，也可调整脸型的视觉效果。

1. 眉毛的组成

眉毛由眉头、眉峰和眉尾三个部分组成。

2. 标准眉各部分的位置

标准眉的眉头与内眼角、鼻翼外侧边缘在一条垂线上，眉尾在鼻翼外侧边缘与外眼角的延长线上，眉峰在眉头到眉尾的2/3处，眉尾与眉头的高低基本呈水平线，或者眉尾略高于眉头。

3. 眉毛的修饰步骤

（1）修眉

修眉是指利用眉钳、剃刀、眉剪等修眉工具，将多余的眉毛去除，使眉毛线条清晰、整齐和流畅，为画眉打下一个良好的基础。修眉的方法大致分为拔眉法、剃眉法和剪眉法。

（2）画眉

画眉的作用是强调个性，表现妆面特点；弥补眉毛自身生长的不足，完善眉毛的形状；在视觉上调整脸形，调整眉毛与眼睛的间距。

画眉要求描画的眉毛形状与脸形要协调，眉色与肤色、妆面要协调。

画眉的工具有眉刷、眉梳、眉笔、眉粉。

眉毛的描画要虚实相应，左右对称。画眉时力度要轻，眉毛的颜色要均匀，要通过线条的疏密来控制眉毛的深浅，不要通过力度的强弱来控制眉毛的深浅。具体步骤如下：

① 把眉笔削成鸭嘴形，顺着眉毛的生长方向一根根描画，注意笔触要轻。

② 化淡妆时，可用化妆刷蘸眉粉描刷，使眉色过渡自然。一般眉峰处颜色最深，眉尾次之，眉头最浅。

③ 化浓妆时，可先用化妆刷蘸棕色眉粉涂出眉毛的底色，再用眉笔一根根描画。当眉色描画过浓时，可用眉刷刷去多余的颜色，将颜色晕染开。

4. 各种眉形的特点

（1）标准眉。

标准眉比较大方，适合各种脸型的人。

（2）平直眉。

平直眉可显纯朴可爱，在视觉上有强烈的横向效果，可使长脸显短，也可使窄额头显得宽一些。

（3）拱形眉。

拱形眉眉峰呈优美的弓形，眉峰在整条眉毛的3/5处，整条眉毛给人向上提的感觉，可以在视觉上使脸部显得长一些。

（4）略带棱角的吊眉。

略带棱角的吊眉，整条眉毛有上扬挺拔的倾斜度，眉峰的弧度不大，上挑拉长，在视觉上可产生英俊刚毅的效果。

（5）柔和的吊眉。

柔和的吊眉，眉头到眉峰倾斜向上，眉峰到眉尾呈优美的曲线，眉峰略靠后，约在整条眉毛的3/4处，眉尾高于眉头。这种眉型适合眉头比较窄的人。

5. 各种脸型的人适合的眉形

利用各种眉形的特点，在视觉上矫正脸型，是化妆中很重要的一步。

（1）椭圆形脸。

椭圆形脸的人脸型比例恰到好处，可以配合各种自然的眉形。

（2）圆形脸。

圆形脸的人脸型较圆且短，适宜向上发展的眉形，配合有力度的高挑眉峰可在视觉上将较短的圆形脸拉长，令圆润的脸型清俊。

（3）长形脸

长形脸的人面部纵向偏长，轮廓瘦窄，额头、颧骨、下颌的基本宽度大致相同，但脸宽小于脸长的2/3，配合稍粗的平眉可在视觉上缩短脸部长度。

（4）三角形脸。

三角形脸的人腮部较宽，较适合眉峰靠后、形状秀丽的眉形，可在视觉上减小腮部的宽度，使脸部显得秀气一些。

（5）方形脸。

方形脸的人腮部的线条较刚硬，配合高挑、柔和的眉形可使脸型柔媚。

（6）菱形脸。

菱形脸的人颧骨比较宽大，可配合略平、长、细的眉形。

（7）倒三角形脸。

倒三角形脸的人额头宽，下巴尖，应配合稍短的平直眉，可令过于尖窄的脸部显得丰润。

6. 天生眉形的特点与修饰方法

（1）向心眉。

向心眉的两眉头间距过小，且小于一只眼睛的长度。眉头间距过小往往使人显得紧张、不愉快，并使五官看起来紧凑不舒服。

修饰方法：除去眉头处距离过近的眉毛，画眉时眉峰向后画，眉尾向外拉长。

（2）离心眉。

离心眉的两眉头间距过大，且大于一只眼睛的长度。眉头间距过大往往使人显得和气但迟钝，使五官看起来分散。

修饰方法：在眉头前侧用削尖的眉笔顺着眉毛的生长方向一根根描画，画出虚虚的眉头，拉近两眉间的距离，同时略向前移眉峰，注意不宜拉长眉尾。

（3）吊眉。

吊眉的眉头与眉尾不在同一水平线上，眉头低、眉尾上扬。吊眉使人显得喜气精明，但过吊的眉则使人缺少柔和感，并有使脸型显长的感觉。

修饰方法：修眉时除去眉头下面的眉毛和眉尾上面的眉毛，描画时侧重于眉头上面和眉尾下面的弥补，即抬高眉头，压低眉尾。

（4）垂眉。

垂眉的眉头高、眉尾低，眉尾下垂往往使人显得亲切慈祥，但也有忧郁和愁苦的感觉，使人的年龄感上升。

修饰方法：修眉时除去眉头上面的眉毛和眉尾下面的眉毛，描画时侧重于眉头下面和眉尾上面的弥补，即压低眉头，抬高眉尾，弥补后的眉毛形状以平直眉的效果最为自然。

（5）杂乱粗宽的眉毛。

杂乱粗宽的眉毛生长面积大且没有规律，往往使人显得不够干净整齐。

修饰方法：根据脸型和眉毛与眼睛的间距，描画出基本眉型，并除去多余的眉毛。

（6）细而浅淡的眉毛。

细而浅淡的眉毛往往使人显得清秀，但过细则使人显得小气，过浅则缺少生气，尤其会使脸盘大的人的五官显得不协调。

修饰方法：根据脸型调整眉毛的弧度，强调眉峰，按照眉毛的生长方向一根根描画，将眉型加宽，眉头色调要浅，眉峰色调要浓，眉尾色调要浅淡。

7. 修饰眉形的注意事项

（1）修饰眉形时，不能完全脱离眉骨去画眉，要避免因修饰而造成的失真。

（2）眉色要与肤色、妆面协调，眉色要浅于发色。

（二）眼睛的修饰

眼睛是面部最能展示人格魅力和感情的器官。眼睛的修饰一般通过画眼影、画眼线来完成。

1. 眼影

眼影的晕染可达到调整、强调眼部的凹凸结构，调整眉眼间距，修饰眼睛形状的效果，使眼睛显得明亮动人。

（1）晕染眼影的方法。

① 水平晕染法。

用深色眼影在上眼睑的睫毛根部涂抹，并向上慢慢晕染，颜色由深到浅，渐渐淡化，妆后效果可使眼睛显得生动而明亮。这种方法适合在日常妆和淡妆中使用。

② 立体结构晕染法。

立体结构晕染法，即按照素描绘画的方法晕染，妆后效果能充分表现眼部的立体结构。这种方法适合在舞台妆、摄影妆等浓妆中使用。

（2）画眼影的要求。

① 色彩过渡要柔和自然。

② 眼影颜色要与妆面、服装的色调协调。

③ 晕染的形状要符合修饰眼睛形状的需要。

④ 多色眼影搭配时要丰富而不浑浊。

2. 眼线

眼线是眼部化妆的重点，它能使眼睛变大、变深邃，甚至可以改变眼睛的形状，使人的眼睛乌黑闪亮、生动迷人。

课后实践

1. 分析自己的眉形及脸型。
2. 根据自己的眉形及脸型设计合适的修饰方法。
3. 为自己设计一个日常妆面并进行展示。

第四节　发型设计

教学目标及要求

了解发质的类型及特点。

教学重难点

掌握发型对脸型的修饰作用并在实践中应用。

教学方法

讲授法、示范法、任务实施法。

知识链接

发型是构成仪容美的重要部分，在形象设计中起到至关重要的作用，也是外在美的重要表现部分。发型在形象设计中最大的作用是弥补脸型、头型的缺陷，使人看起来神采奕奕、富有朝气。一款合适的发型可以为形象加分，还可以表现出人的内在修养和精神状态。在选择发型之前要先了解自己的发质。

一、发质的类型及特点

发质的类型由头发的天然性质决定，即由身体产生的皮脂量决定，不同的发质有不同的特点。了解发质的类型及特点，是发型设计的第一步。主要的发质类型有以下几种。

（一）油性发质

拥有油性发质的人，头皮皮脂腺油脂分泌旺盛，易黏结污物，发丝平直且柔软。油性发质易脏，头皮屑多，需经常清洗，油性发质的人宜选择短发或中长发，洗发时宜使用平衡油脂的专用洗发产品。

（二）自然卷发质

自然卷发质俗称“自来卷”，拥有自然卷发质的人发丝细小弯曲，呈自然卷花状，只要利用好卷发的自然属性，就能做出各种漂亮的发型。一般这种发质的头发被剪短后，头发的卷曲度就不太明显了。这种发质的人留长发则会显示出其头发自然卷曲的美。

（三）中性发质

中性发质一般被认为是标准发质。拥有中性发质的人有良好的血液循环，其发丝粗细适中、不软不硬，既不油腻也不干燥。中性发质的头发有自然光泽、柔顺，易于梳理，可塑性大，梳理后不易变形，可谓是健康的头发。建议中性发质的人选用温和不刺激的洗发产品来保护现有的发质，每周宜洗发3～5次。

（四）干性发质

干性发质的人头皮缺乏油脂分泌，发丝干枯、暗淡无光泽，柔韧性差且容易断裂、分叉，不易做造型。干性发质通常是由护发不当、皮肤碱化所致。污垢过多，不适宜的烫发、染发、洗发等都会导致头发干枯。建议干性发质的人选用滋润的洗发产品和护发素，定期使用发丝修护产品，以修补受损的发丝角质蛋白结构。

（五）受伤发质

受伤发质主要是指由于干枯、分叉、脆断、变色或鳞状角质受损所导致的头发内层组织解体而造成脱发的发质。拥有受伤发质的人应经常修剪头发，去除分叉的发梢，并用护发产品清洗、护理、保养头发，不宜经常烫、染、吹热风，再配以食疗养发，使受损伤的头发逐渐恢复健康。

（六）稀软发质

稀软发质的头发缺少弹性，如果梳成蓬松式的发型，很快就会塌在头皮上。拥有此种发质的人头发比较服帖，所以适合留长发梳成发髻，或用小号的发卷将头发卷成“羊毛卷”。

（七）混合性发质

拥有混合性发质的人头皮油但发丝干，即靠近头皮1 cm左右的头发多油，但发梢处的头发却干燥甚至分叉。大学生多为混合性发质，这是因为大学生正值青春期，体内的激素水平不稳定，便会出现头皮多油、发丝干燥的现象。此外，过度烫发、染发，以及护理不当等行为也会使健康的发质变成混合性发质。

二、发型的设计元素

发型的设计元素即发型的构成因素，包括形状、纹理、结构、层次、重量、膨胀量、碎度、颜色等。一般来说，每款发型都涉及这些元素。这些元素并不是独立存在的，而是相辅相成的。

（一）形状

形状是发型的宏观表现形式，由发型轮廓来表现。发型轮廓又由三个面来表现：正面轮廓，包括发型外部轮廓与脸部内轮廓；侧面轮廓，包括发型纵向轮廓与底部轮廓；后面轮廓，主要指发型底部轮廓。这些轮廓共同构成了一个完整的发型轮廓。

（二）纹理

纹理是指发型轮廓内的线条，这些线条构成了发型的微观表现形式。纹理可以分为静止纹理、动感纹理，以及两者兼具的混合纹理。大学生为自己设计发型时必须要考虑发型纹理的方向感。

（三）结构

结构是指头发长度以特定的规律进行的排列。结构是建立发型形状的起点，不同的结构可建立不同的形状，不同结构的组合可建立更加多样的形状。

（四）层次

层次是指发尾显露的部分。层次有高低与落差大小之分。层次的高低指上部头发落点的高低，如果上部头发的落点较高，会产生层次较高的效果；如果上部头发落点较低，就会产生层次较低的效果。落差是指头发上部落点与下部落点之间的距离。落差与发型的结构密切相关，落差的微妙变化会对发型的效果产生微妙的影响。

（五）重量

重量是指头发较集中的区域（主要包括发型的底部轮廓、刘海区、侧部纵轮廓的枕骨区）的发量。重量大会给人以稳重、沉稳的感觉。

（六）膨胀量

膨胀量是指由头发高度形成的蓬松效果，一般情况下，头发越短，蓬松效果就越明显。膨胀量只有在刘海区、顶区没有压力时，才会表现得明显。膨胀量在刘海区可弥补扁额头的缺陷，在顶区会产生"高颅顶"的效果。

（七）碎度

碎度是指相对头发整体被裁减发量的多少。

（八）颜色

颜色是发型设计的重要元素之一。大学生在为自己进行发型设计时可运用不同的头发颜色实现不同的效果。

三、发型与脸型的搭配方法

由于发型具有可变性，因此人们可利用不同的发型对脸型进行修饰。发型与脸型的搭配方法主要有以下几种。

（一）衬托法

衬托法是指利用两侧鬓发和顶部的头发，从视觉上改变脸部轮廓的方法。

（二）遮盖法

遮盖法是指利用头发组成合适的线条或块面，来遮盖头部、面部某些部位的不协调及缺陷的方法。

（三）填充法

填充法是指利用波浪式卷发来填充细长的头颈，或借助发辫、发鬓来填补头部、面部的不完美之处，或利用头饰进行相应修饰的方法。

四、女生发型设计

（一）椭圆形脸

1. 发型适合

所有发型都适合于椭圆形脸的人，注意发型设计需符合简单、匀称的原则。

2. 发型避免

椭圆形脸的人应避免太复杂或不对称的发型，以及太厚重的刘海。

（二）圆形脸

1. 发型适合

（1）长度长一点的发型，有助于让脸部看起来修长。

（2）具有蓬松感及高耸感的发型，有加长脸部的效果 。

（3）尽量控制两鬓的宽度，才不会使圆形脸看起来更圆 。

2. 发型避免

（1）圆形脸的人应避免太短的发型，因为太短的发型会让圆形脸看起来更圆、更短。

（2）圆形脸的人应避免太贴、太平或是顶部太塌的发型。

（3）圆形脸的人应避免后方推高的发型，这会使圆形脸看起来更圆。

（三）长形脸

1. 发型适合

（1）长形脸的人适合长度适中以及能保持额头宽度的发型，这类发型不会使长形脸看起来更长。

（2）长形脸的人可尝试柔和一点的发型，如长度至肩部的波浪式卷发，此外，部分式刘海比一片式刘海更适合于长形脸的人。

（3）增加两颊旁头发的蓬松度或以有层次的发型来增加宽度，可使长形脸看起来不会过长。

2. 发型避免

（1）长形脸的人应避免又长又直的发型。

（2）中分或任何过短的短发（短于下巴）都不适合于长形脸的人。

（四）三角形脸

1. 发型适合

（1）三角形脸的人适合到颈部的头发长度，以获得平衡感。

（2）一半式刘海有助于从视觉上缩小三角形脸前额的宽度。

（3）三角形脸不太突出的人也可以留短发。

2. 发型避免

三角形脸的人应避免盘发或束发等造型。

（五）方形脸

1. 发型适合

（1）方形脸的人适合头顶上方膨松而两侧服帖的发型，这样能使方形脸看起来更修长。

（2）偏中分的发型也很适合于方型脸的人。

（3）头发长度以到下颌为佳，长发也适合于方形脸的人。此外，方形脸的人还适合在头顶部位加入重量感，或将头发做成柔美的波浪式卷发。

2. 发型避免

（1）方形脸的人应避免长度刚好到下巴的发型，这样会使方形脸看上去更宽。

（2）方形脸的人应避免覆满整个额头的一片式刘海。

（3）方形脸的人应避免太过旁分的发型，这样会使下摆的宽度增加，使方形脸看上去更宽。

（六）菱形脸

1. 发型适合

（1）菱形脸的人适合能加宽前额宽度并使两颊变瘦、下巴加宽的发型。

（2）头发长度到颈部的发型有助于增加下巴宽度，比较适合于菱形脸的人。

（3）短发以及不对称的发型比较适合于菱形脸的人。

（4）半边侧刘海也很适合于菱形脸的人。

（5）对于菱形脸的人来说，修饰额头两侧部位的头发比修饰前额的头发效果更好。

2. 发型避免

（1）菱形脸的人应避免头顶增加高度的发型。

（2）菱形脸的人应避免太厚重的刘海。

（3）菱形脸的人应避免两侧头发往后吹、露脑门及两侧头发紧紧地梳在脑后（如扎马尾辫或高盘）的发型。

（七）倒三角形脸

1. 发型适合

倒三角形脸的人适合齐肩短发、中长发、花苞头、空气感刘海等发型。

2. 发型避免

（1）倒三角形脸的人应避免超短发及低马尾配平刘海的发型。

（2）倒三角形脸的人应避免将全部头发向后梳理。

五、男生发型设计

（一）圆形脸

圆形脸的人如留一样长度的头发不要在中间分缝，此外头发不要分层剪。

（二）长形脸

长形脸的人应利用刘海从视觉上缩短脸的长度，且头顶的头发不宜过高；不宜剪平直、中间分缝的发型；不要将头发剪得太短，或全部往后梳；可以将头发剪到腮帮以上，侧分头发；头发可以长至耳根，前额稍剪些刘海；可以在两边修些短发，盖住脸庞。

（三）方形脸

方形脸的人应注意头发不要剪太短，也不要剪太平直或留中分的发型；头发要有高度，并在两侧留刘海；可将头发侧分，以增加蓬松感。

六、大学生发型设计的总体要求

（一）头发整洁、发型大方

整洁的头发、大方的发型易给人留下神清气爽的印象，而披头散发则会给人以萎靡不振的感觉。头发要常洗，做到不出油、不难闻。男生一般应前发不盖额，侧发不盖耳，后发不盖领，不束发，不光头。

（二）协调

大学生所选的发型应与自己的脸型、肤色、体形相匹配，还应与自己的气质相吻合，这样方能显现出真正的美。建议个子较矮的女大学生不留披肩发，脸胖的女大学生不剪短发，脸瘦的大学生不选择遮掩两侧脸颊的发型。

（三）定期修剪

大学生要定期修剪头发，此外，对头发的烫、染不要太过频繁，头发的颜色不要过于浮夸。

课堂训练

分析自己的发质并根据自己的脸型为自己设计一款合适的发型。

课后思考

发质的类型有哪些？不同类型发质的特点分别是什么？

第三章　大学生服饰礼仪

教学目标及要求

了解体型的分类及服饰礼仪的相关知识。

教学重难点

分析自身体型特点，并进行服装搭配。

教学方法

讲授法、任务实施法。

知识链接

服饰虽是人体外部装饰，却能反映出着衣者的内心世界。跨过人类漫漫历史长河，服饰已由初时的防护保暖用品发展为能够体现人们精神风貌、社会地位、修养品位、心理特点等的生活必需品。服饰直接或间接体现着人们的创造力和审美能力，满足着人们对美的追求。

一、体型及体型三要素

（一）体型

体型，即人体轮廓的类型。体型反映的是人的身体各部分之间的比例，如躯干上下长度的比例，身高与肩宽的比例，胸围、腰围与臀围之间的比例等。

（二）体型三要素

体型三要素为骨骼、肌肉及脂肪。

骨骼决定了人的高矮；肌肉、脂肪决定了人的胖瘦。

二、人体美学中的黄金分割律

人体美学受到种族、社会、个人三方面因素的影响，涉及形体与精神、局部与整体的关系。只有整体和谐、比例协调，才能称得上是一种完整的美。

（一）黄金分割律

黄金分割律又称黄金比、黄金律，是指事物各部分之间存在一定的数学比例关系，即将整体一分为二，较大部分与较小部分之比等于整体与较大部分之比，其比例约为1∶0.618。黄金分割在公元前6世纪由古希腊数学家毕达哥拉斯所发现，后来古希腊美学家柏拉图将其称为黄金分割律。黄金分割律有着严格的比例性、艺术性、和谐性，蕴藏着丰富的美学价值。

据研究，人体结构中有许多比例关系接近0.618。黄金分割律既是一种重要的美学法则，也是人类世代相传的经典审美法则。

（二）体型的黄金分割律

专业人士在进行了大量研究后，得到了人体体型的黄金分割律。

（1）上身、下身比例：以肚脐为界，上身、下身比例应为5∶8，符合黄金分割律。

（2）胸围：由腋下沿胸部的上方最丰满处测量胸围，胸围应为身高的一半。

（3）腰围：在正常情况下，测量腰围时应测量腰部最细的部位，腰围应比胸围小20 cm。

（4）髋围：应在体前耻骨平行于臀部最大部位进行测量，髋围应比胸围大4 cm。

（5）大腿围：应在大腿的最上部位、臀折线下进行测量，大腿围应比腰围小10 cm。

（6）小腿围：小腿最丰满处的周长，小腿围应比大腿围小20 cm。

（7）足颈围：足颈最细部位的周长，足颈围应比小腿围小10 cm。

（8）上臂围：肩关节与肘关节之间中部的周长，上臂围应等于大腿围的一半。

（9）颈围：颈中部最细处的周长，颈围应等于小腿围。

（10）肩宽：两肩峰之间的距离，肩宽应比胸围的一半小4 cm。

（三）体型美

骨骼美在于匀称、适度。站立时头颈、躯干和脚的纵轴应在同一条垂线上；肩稍宽，头、躯干、四肢的比例以及头、颈、胸的连接应适度。

肌肉美在于富有弹性和协调。一个人的体型过胖、过瘦，肩、臀、胸部的肌肉细小无力，以及由于某种原因造成的身体某部分肌肉过于瘦弱或过于发达，都不能称为肌肉美。

三、各种体型的特点与服装搭配

（一）理想体型的特点

理想体型的特点为身体健康、身高适度、比例匀称、线条流畅。

（二）体型的分类

体型的分类方法有很多种。字母分类法将体型分为X、Y、A、H、O五类。水果形状分类法将体型分为梨型、葫芦型、苹果型。根据脂肪蓄积情况可将体型分为瘦长型、中间型、肥胖型。根据人体测量医学可将体型分为胸型、肌型、腹型。这里我们采用字母分类法。

（三）服装搭配

1. X体型

X体型俗称“沙漏型”。X体型的人肩膀与臀部基本同宽，腰围比臀围小18～25 cm，肩膀有棱角，身长比例均衡，通常腰部的宽度明显小于臀部及肩膀的宽度，曲线明显。

着装建议：

（1）如果X体型的人身材纤细，身高中等，那么几乎所有款式的服装都可以选择。

（2）如果X体型的人身材比较丰满，那么应该注意身体与服装的合适度。

（3）X体型的人适合的服装外轮廓：X型外轮廓服装强调了X体型的人的所有优点，可使X体型的人曲线毕露，女性美突出；A型、H型外轮廓服装容易将X体型的人的最为优美的纤细腰部遮盖；Y型外轮廓服装因为肩部较夸张，所以会在视觉上缩小X体型的人的臀部的比例。

2.Y体型

Y体型的人肩宽臀窄，臀部与腿部较为苗条，他们常常是中等或偏大的骨骼结构。Y体型的人脂肪的分布不平衡，脂肪通常分布在身体的上半部，且胸部不突出。

对于男生来说，这是最标准、最健美的体型，倒三角形的体型可轻易地显示出男生的力量感。然而，对于女生来说，Y体型会使上身稍有一种沉重感。

着装建议：

（1）为了在视觉上减小肩部宽度，应当加宽臀部，因此插肩袖或无肩缝的宽松服装适合于Y体型的女生。

（2）Y体型的人适合穿暗灰色调或冷色调的上衣，也可利用饰物色彩来重点表现腰、臀和腿。

（3）A型外轮廓服装非常适合于Y体型的女生。

（4）Y体型的人应避开上身庞大、硬朗的套装，避免穿有垫肩、肩章或扩大肩部的衣服，同时应尽量避开泡泡袖的衣服。

3. A体型

A体型俗称“梨型”。A体型的人臀部宽大，腿部较粗，腰部较细，脂肪的分布不平衡，脂肪相对集中在下半身。

着装建议：

（1）A体型的人应避免穿长及臀部最宽处的夹克和宽松的蓬蓬裙。

（2）装饰品应位于身体的上半部分，使视觉注意力上移。

（3）带有垫肩、肩章、收腰设计、胸部贴口袋、胸部褶皱、宽大领子的服装都比较适合于A体型的人。

（4）A体型的人最适合穿A型外轮廓的服装。如果A体型的人臀部不是非常肥大，也可穿加垫肩的X型、H型、Y型外轮廓服装。

4. H体型

H体型的人脸部多为方形、长方形、圆形或椭圆形，肩部与臀部的宽度接近，身体最突出的特征是直线条，上下身宽度一样，腰身线条起伏不明显，整体上缺少“三围”的曲线变化。常说的“纸片人”体型便是指H体型。

着装建议：

（1）H体型的人应避免穿较短或贴身的上衣。

（2）如果H体型的人身材比较瘦，则可以利用加宽肩部与臀部的设计来修正体型。

（3）如果H体型的人身材比较胖，那么在选择可适当加强肩部与臀部设计的服装的同时，还应尽量选择有腰线设计的服装。

5. O体型

O体型的人最为突出的特点是肚子圆润，腰部的宽度大于肩部和臀部的宽度。一般O体型的人都较为肥胖，通常胳膊与腿为正常尺寸，脂肪多存于腰腹部。

四、践行服饰礼仪应遵循的原则

古今中外，服饰都体现着社会文化，体现着人们的文化修养和审美情趣，是人的身份、气质、内在素质的外在表现。从某种意义上说，服饰是一门艺术，它所能传达的情感与意蕴是语言不能替代的。因此，大学生有必要掌握服饰礼仪的相关知识，遵循服饰礼仪的原则。

（一）文明、简洁、大方的原则

大学生的服饰应文明、简洁、大方，符合自己的年龄、身份、气质。具体来讲，大学生忌穿过露、过短、过紧的服装，也不宜过分追求样式的怪异。同时，大学生在服装方面也不应过分追求高档。大学生的服装应整齐、不褶皱、干净清洁、完好。大学生应尽量避免选择老气横秋、不伦不类的服装，所穿服装要展现出青春活力。这是年轻人服饰礼仪的基本原则，也是大学生服饰礼仪的基本要求。

（二）个性原则

受年龄、性格、职业、文化素养等方面的影响，不同的人会形成不同的气质。因此，人们在选择服装时，不仅要符合个人的气质，还要突显出自己的美好气质。为此，大学生必须深入了解自我，正确认识自我，选择适合自己的服饰，这样才能尽显自己的风采和个性。

（三）TPO原则

TPO原则是世界上通行的着装打扮原则。TPO是英语中Time、Place、Object三个单词的首字母组合。

TPO原则中的“Time”是指时间原则。它有三个含义：一是指每天的清晨、日间和晚上三段时间的变化，二是指每年的春、夏、秋、冬四季的不同，三是指时代间的差异。人们在选择服饰时，除了考虑一天的时间变化外，还应考虑一年四季不同气候条件的变化，例如，夏天的服饰应以简洁、凉爽、大方为原则，冬天的服饰应以保暖、轻快、简练为原则。此外，还要顺应时代的潮流和节奏，过分复古（落伍）或过分新奇（超前）的服饰都会令人难以接受，会拉远个人与大众的心理距离。

TPO原则中的“Place”是指环境原则。不同的环境需要与之相协调的服饰。大学生服饰的美首先应是与校园环境的协调美，即使是服饰的个性美也应体现在与环境氛围的协调中，只有如此，才能使大学生的形象显得轻松、自然、雅致。

TPO原则中的“Object”是指目的原则，即服饰要与穿着的场合、气氛相协调。一般来讲，大学生应事先了解活动的内容和参加活动的人员的情况，再精心挑选符合特定场合及气氛的服饰。

（四）配色原则

服饰的美是款式美、质料美和色彩美的统一，形、质、色三者相互衬托，相互依存。在生活中，色彩是最先引人注目的，因为人的视觉对色彩刺激最敏感，色彩美会给他人留下很深的印象。

搭配服饰色彩时应遵循一般的美学常识。服装与服装、服装与饰物、饰物与饰物之间应色调和谐、层次分明。饰物只能起到“画龙点睛”的作用，不可喧宾夺主。

服饰色彩在统一的基础上还应寻求一些小变化，服装与服装、服装与饰物、饰物与饰物之间在色彩变化的基础上应寻求平衡。一般认为，衣服里料的颜色与表料的颜色，衣服中的某一种颜色与饰物的颜色都可进行“呼应”。

色彩的搭配原则如下：

（1）上深下浅，这样显得人端庄、大方、恬静、严肃。

（2）上浅下深，这样显得人明快、活泼、开朗、自信。

（3）突出上衣时，下装颜色要比上衣颜色稍深。

（4）突出下装时，上衣颜色要比下装颜色稍深。

（5）绿色比较难搭配，可试着与咖啡色搭配在一起。

（6）上衣有横向花纹时，下装不宜有竖条纹或格子。

（7）上衣有竖条纹时，下装应避开横条纹或格子。

（8）上衣有杂色时，下装宜选纯色。

（9）下装是杂色时，上衣应避开杂色。

（10）上衣花型较大或较复杂时，下装宜选纯色。

（11）有图案的上衣不要配相同图案的衬衣和领带。

（12）鞋子的颜色要与衣服的色彩相协调。

（13）穿内外两件套时，内外色彩最好是同色系或反差大的颜色。

总之，大学生穿衣要恰如其分，既要体现别致的穿衣风格，又要体现服装的优雅。当代大学生要学会挑选适合自己体型的衣服，修饰身材的不足，以获得更好的着装效果。

课后思考

1. 大学生践行服饰礼仪应遵循哪些原则？
2. 大学生着装应如何扬长避短？
3. 大学生在不同场合的着装有哪些要求？

课后实践

1. 为自己设计一个周末参加同学聚会的服饰搭配方案。
2. 选择一张图片，对图片中模特的服饰搭配进行效果分析。

第四章　大学生仪态礼仪

第一节 仪 态

教学目标及要求

了解仪态的概念、性质。

教学重难点

掌握仪态的作用。

教学方法

讲授法、案例分析法。

知识链接

英国哲学家培根提出，相貌的美高于色泽的美，而秀雅合适的举止美又高于相貌的美。这是美的精华。

在人际交往中，人们除了用语言表达思想情感外，还常常用身体姿态表现内心活动，用优美的姿态表达礼仪。心理学家的研究表明：在人际交往中，约有20%的信息是通过有声语言传递的，而另外的80%则是通过人的表情、动作等仪态语言传递的。人的一举一动都代表着个人性格、思维。大学生应使自己的一举一动都具有含蓄的内在美，这种美体现在身体上，即为人的仪态美。仪态的美丑，也是鉴别一个人高雅还是粗俗、严谨还是轻浮的标准之一。大学生仪态美的基本要求是文雅脱俗、端庄稳重、自然得体、优美大方。

一、仪态的概念

仪态是指一个人在行为中的姿态和风度。姿态是一个人身体显现出来的样子，如站立、行走、弓身、就座、眼神、手势、面部表情等。而风度则是一个人内在气质的外在表现。

仪态美即姿势、动作的美，它属于人的行为美学范畴。在人际交往中，它用一种无声的仪态语言向人们展示出一个人的道德品质、礼貌修养、人品学识、文化品位等。仪态美包括体态美、表情美和手势美三个方面。

仪态既取决于个人的内在气质，同时又取决于个人是否接受过规范和严格的体态训练。

在日常生活中，大学生要讲究仪态美，就要做到走路、站立、坐与蹲等都符合一定的礼仪规范，同时还要考虑不同国家的文化传统，如手势与表情的使用应符合场合与身份。

大学生仪态美有以下几个标准：

（1）仪态文明，这要求大学生的仪态要显得有修养，不应有粗鲁的举止。

（2）仪态自然，这要求大学生的仪态既要符合规矩，又要落落大方，不要虚张声势、装腔作势。

（3）仪态美观，这要求大学生的仪态要优雅脱俗，美观耐看，能给人留下好的印象，仪态美观是对仪态更高层次的要求。

（4）仪态敬人，这要求大学生不要有失敬于人的仪态，要通过良好的仪态来体现敬人之意。

二、仪态的性质

在人际交往活动中，仪态也被称为“第二语言”。仪态作为辅助语言，表达、传递着丰富的信息，能弥补“言不尽意”的遗憾，使语言的表达更富感染力。仪态的性质主要表现在以下几个方面。

（一）辅助性

在日常交往中，人们常通过语言交流信息，但在说话的同时，人们的面部表情、身体姿态、手势和动作也在辅助传递着信息。对方在接收信息时，不仅在“听其言”，而且也在“观其行”。

仪态语言是一种极其丰富、复杂的语言。有研究表明，仪态语言所起的作用远远超过有声语言，仪态语言往往比有声语言更富有魅力，可以收到“此处无声胜有声”的效果。

（二）真实性

较之有声语言，仪态语言能够更真实地反映人的内心世界。仪态语言在表情达意方面也许不像有声语言那样明确和完善，但它在表露人的性格、气质、态度、心理活动等方面却更真实可靠。在社会交往中，仪态还是一张无形的“名片”，人们可以通过一个人的一举一动、一笑一颦，判断出他的身份、地位、学识、能力，并因此决定对其信任的程度及与其交往的深度等。那些受过良好教育并且在各方面都很出色的人，往往举止得体、风度优雅；而那些矫揉造作、刻意表现出来的仪态相比之下要肤浅得多。

（三）独立性

仪态语言在特定情境下可以脱离有声语言而独立存在，发挥传递信息、交流感情的功能，如聋哑人使用手语与他人交流。

（四）习惯性

仪态是人们在成长和交往过程中逐步形成的，因而具有习惯性。

（1）一方面，仪态的习惯性表现在某些仪态所达之意具有一致性，如人们总是用笑容来表现欢乐、友好、喜欢等情感；另一方面，仪态的习惯性也表现在同一动作由于地域和文化环境的不同而具有不同的含义。

（2）仪态是每个人在生活环境中长期形成的，并不是先天的，而是通过后天的生活和训练形成的。人们的仪容美会随着时间的流逝而失色，而仪态美却能够随着年龄的增长而增添几分成熟、稳重。

（3）仪态美是一种更深刻的美。仪态美不是通过外表的修饰打扮就可以得到的，也不是单纯的动作、表情模仿可以体现的。仪态美既有赖于人的内在素质和自身修养的提高，也有赖于人的性格的磨炼和学识的充实。仪态美是长期培养的结果，只有那些热爱生活、积极进取、自信、自尊、自爱、卓有才华的人，才会拥有真正的仪态美。

三、仪态的作用

仪态在社交活动中有着特殊的作用。仪态是映照一个人涵养的镜子，也是构成一个人外在美的主要因素。在人际交往中，人们可以通过一个人的仪态来判断他的品格、学识、能力，以及其他方面的修养程度。不同的仪态可以显示出人们不同的精神状态和文化修养，传递着不同的信息。

同时，仪态是一种综合的、身体各部分相互协调的整体表现，也是一个人内在素质的体现。因此，仪态主要有以下几个作用。

（一）表达更丰富、生动的内容

人们常说“知人知面不知心”，其实在日常沟通中，人们不仅仅听他人说什么，也留心他人做什么，因为仪态能表达更丰富、生动的内容。正如达·芬奇所说，从仪态知觉人的内心世界，把握人的本来面目，往往具有相当的准确性和可靠性。例如，拍胸握拳、舒展双臂、猛一转身、昂首挺胸、大摇大摆、手托下巴等就表达了不同的内心世界。

（二）沟通

仪态也具有沟通作用，如熟人见面点头微笑，观赏节目热烈鼓掌，相爱的人眉目传情、暗送秋波等。在许多场合，当人们的心情无法用言语表达时，便会不由自主地通过仪态来表现，如坐立不安、手足无措、张目扬眉、捶胸顿足、手舞足蹈等。

（三）加深给人的第一印象

社交礼仪中的“首轮效应理论”所说的就是交往过程中给他人的第一印象。一般来说，给人第一印象较好的人大都具有以下共同之处：有风度、气质佳、沉着冷静，博学多才；谦逊、温和、正直开朗、思维独特。可见，在人际交往中，第一印象的好坏常常取决于一个人的气质和风度，而一个人的气质和风度又主要通过仪态表现出来。

课后思考

结合校园实际谈谈大学生仪态美的重要性。

第二节　站　　姿

教学目标及要求

了解站姿及相关的禁忌。

教学重难点

掌握标准站姿的手位和步位，并运用于学习、生活中。

教学方法

讲授法、演示法、练习法、项目教学法。

知识链接

站立是人们在生活交往中最基本的一种举止。站姿是人静态的造型动作，优美、典雅的站姿是人塑造不同仪态美的基础和起点。

站姿是影响个人仪态美最基础、最关键的因素。优美的站姿能显示出一个人的自信，衬托出好的气质和风度，并给他人留下好印象。所以大学生尤其应该注意站姿。

一、标准站姿

标准站姿（如图4–1所示）应具备以下特点。

（1）头正：两眼平视前方，嘴微闭，收颌梗颈，表情自然，稍带微笑。

（2）肩平：两肩平正，微微放松，稍向后下沉。

（3）臂垂：两肩平整，两臂自然下垂，中指对准裤缝。

（4）躯挺：胸部挺起，腹部往里收，腰部正直，臀部向内向上收紧。

（5）膝并：双膝并拢，两腿绷直，脚跟靠拢，脚尖分开呈“V”字形。身体重心主要在脚掌、脚弓上。

（6）从侧面看，头部、肩部、上体与下肢应在一条垂线上。

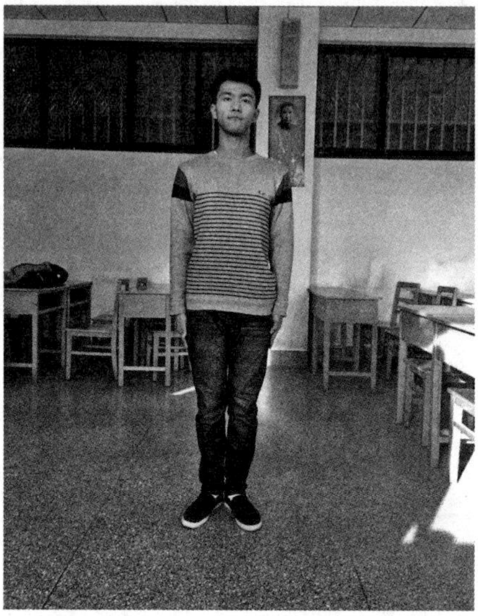

图4-1 标准站姿

二、站姿手位

站立时，双手可放置在下列位置。

（1）双手置于身体两侧。

（2）右手搭在左手上叠放于体前。

（3）双手叠放于体后。

（4）一手放于体前，一手背在体后。

三、站姿步位

站姿步位分为以下三种。

（1）V字步：双脚呈“V”字形，即双膝和两脚后跟要靠紧，两脚尖张开的距离约为两拳。

（2）丁字步：双脚呈“丁”字形，丁字步分左丁字步、右丁字步两种。

（3）平行式：男生站立时，两脚可并拢，也可分开，双脚分开时，两脚应与肩同宽。

四、男生其他站姿

（一）腹前握指式站姿

身体立直，抬头挺胸，下颌微收，双目平视，嘴角微闭，面带微笑。两脚尖略分开，双手手指自然并拢，右手搭在左手上，轻贴于腹前。身体重心可放在两脚上，也可放在其中一只脚上，并通过重心的移动缓解疲劳。

（二）两脚平行腹前握指式站姿

身体立直，抬头挺胸，下颌微收，双目平视，嘴角微闭。两脚平行分开，两脚间距不超过肩宽，一般以20 cm为宜。双手手指自然并拢，右手搭在左手上，轻贴于腹部，不要挺腹或后仰（如图4–2所示）。

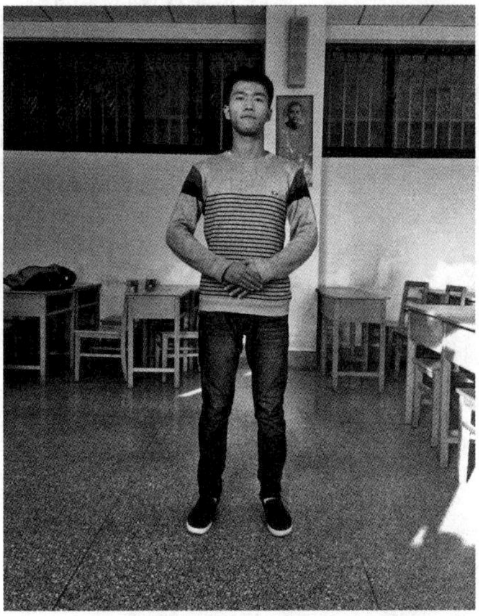

图4–2　两脚平行腹前握指式站姿

（三）两脚平行背后握指式站姿

两脚分开与肩同宽，两脚尖平行，两臂后背，右手自然握住左手放于尾骨处，同时两臂肘关节自然微收。

五、女生其他站姿

（一）丁字步腹前握指式站姿

在标准站姿的基础上右脚后撤，使左脚脚跟靠于右脚足弓处。双腿、双膝并拢，身体挺直，双手放于腹前，右手握住左手的手指部位。身体重心可放在两脚上，也可放在其中一只脚上，可通过两脚的重心转移缓解疲劳（如图4–3所示）。

（二）V字步站姿

身体立直，抬头挺胸，下颌微收，双目平视，嘴角微闭，面带微笑。两脚跟并拢，两脚尖略分开，呈“V”字形，双手自然并拢，右手搭在左手上，轻贴于腹前。身体重心可放在两脚上，也可放在其中一只脚上，可通过重心的转移缓解疲劳（如图4–4所示）。

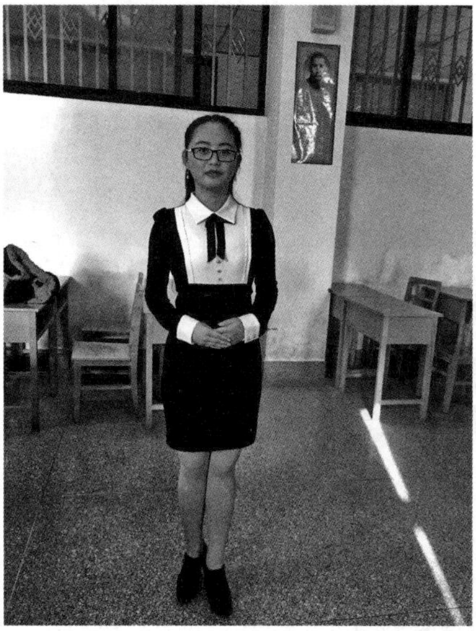

图 4–3 丁字步腹前握指式站姿

图 4–4 V字步站姿

六、不同场合的站姿

（1）在升国旗、奏国歌、接受荣誉与奖励等庄严的场合，应采取标准站姿，并且神情要严肃。

（2）在发表演说、会议发言、作报告时，为了减轻身体对腿部的压力，可以用双手支撑在讲台上，双腿轮流放松。

（3）在主持文艺活动、联欢会时，可将双腿并拢站立，女生可以站成丁字步，这样可以让站立姿势更加优美。

（4）门迎、侍应人员往往需要长时间站立，这种情况下双腿可以平分站立，双腿分开的宽度不宜超过肩部。双手可以交叉或前握垂放于腹前；也可以在背后交叉，右手放到左手的掌心上，但要注意收腹。

（5）礼仪小姐一般可采取丁字步站姿。当双手端持物品时，上臂应靠近身体两侧，下颌微收，面带微笑，给人以优美亲切的感觉。

（6）不同的群体所采取的站姿侧重点不一样。同样，在不同的场合，人们所采取的站姿也应有所区别。

（7）当站立与人交谈时，如果空着手，则双手可在体前交叉，右手放在左手上。若手上拎着皮包，则可利用皮包摆出优美的姿势。同时还要注意，不要交叉双臂，更不能两手叉腰、将手插在裤袋里或者做小动作（如摆弄打火机，香烟盒等）。

（8）当与外宾交谈时，要面向对方站立，且保持一定的距离，过远或过近都是不礼貌的。站立的姿势要端正，可以稍弯腰，但切忌身体歪斜、双腿分开距离过大、倚墙靠柱、手扶椅背等。

（9）当向长辈、朋友、同事问候或作介绍时，不论握手还是鞠躬，双脚都应当并立，并相距约10 cm。

（10）当穿礼服或旗袍时，最好不要两脚并列，两脚的位置可一前一后，前后距离约5 cm，并以其中一只脚为重心。

（11）当等车或等人时，两脚的位置可一前一后，保持45°，这时的肌肉要放松且自然，但仍要保持身体的挺直。

七、站姿禁忌

（1）忌东倒西歪、无精打采、懒散地倚靠在墙上或其他地方。

（2）忌低着头、歪着脖子、含胸、端肩、驼背。

（3）忌将身体的重心明显地移到一侧，只用一条腿支撑着身体。

（4）忌频繁做各种小动作。

（5）在正式场合，忌将手叉在裤袋里面，忌双臂交叉抱在胸前，忌双手叉腰。

（6）男生双腿左右开立时，忌两脚之间距离过大，忌挺腹翘臀。

（7）忌双腿交叉站立。

课堂训练

男生、女生分别练习，熟练掌握几种标准站姿。

（1）靠墙练习

要求：掌握直立、头正、梗颈、展肩、立腰、收腹、提臀、直腿、平视、微笑等基本要领。靠墙站立时，脚后跟、小腿肚、臀部、背部、双肩、头部都要贴墙。每次练习时间不少于5分钟。

（2）背靠背练习

要求：两人一组，背靠背站立，两人的小腿、臀部、双肩、后脑勺都贴紧。两人的小腿之间夹一张小纸片，不能让其掉落。每次训练时间不少于10分钟。最后每个同学上前作站姿表演，大家共同评选出优秀站姿学生。

第三节 坐 姿

教学目标及要求

了解坐姿及相关的禁忌。

教学重难点

了解坐姿的要求，掌握不同的坐姿并运用于学习、生活中，培养良好的气质与风度。

教学方法

讲授法、演示法、练习法、项目教学法。

知识链接

坐姿是一种可以维持较长时间的工作姿势或劳动姿势，也是一种主要的休息姿势。坐姿是人们在日常生活、社交、娱乐中的主要身体姿势。良好的坐姿不仅有利于身体健康，而且能塑造沉着、稳重、文雅、端庄的个人形象，更能展现个人优雅的气质与良好的修养。

一、入座与离座

（一）顺序

分清长幼，礼貌地邀请对方先入座，也可与对方同时入座。如果对方是宾客，则最好在对方入座之后再入座，勿抢先入座。

（二）方位

就座时从椅子的左侧入座，这样既礼貌又便于入座。在与他人同时入座时，应当注意座位的尊卑顺序，主动将上位让给来宾或客人。离座时应先有所表示，然后慢起，站好后再从座椅左侧走出。

（三）入座

在他人面前入座时，身体应朝向对方，侧身走近座椅，背对座椅站立，右腿后退一点，用小腿确认座椅的位置，然后从座椅的3/4处坐下，注意上肢不要靠在椅背上，也不可弯腰低头或回头看座椅。为使坐下后身体舒适，或方便坐下后整理衣服，落座后可以调整一下体位，但这一动作不可与落座动作同时进行。

（四）风度

入座时，要减慢速度，放轻动作，尽量不要弄响桌椅。女生着裙装入座时，要事先用双手将裙子从后向前拢好，以免裙底“走光”。

二、坐姿的要求

（一）头部

落座之后头部应端正，双目平视，面带微笑，下巴内收。如果有办公需求（如需低头看文件），应注意在回答他人问题时要抬起头，不然会给对方留下冷漠失礼的印象。在与人交谈时，可以面对对方或侧对对方，绝不可以用后脑勺对着对方。注意，在客人面前就座时，不要出现仰头、低头、歪头或扭头的情况。

（二）躯干

落座后腰背要挺直，腹部内收，上身与大腿要构成直角，不能塌腰放松。因工作需要而非休息需要就座时，最好不要倚靠椅背。

（三）双手的摆放

当无须从事其他工作时，一般要将双手放在大腿上，具体做法如下。

（1）双手各自搭在一条大腿上。

（2）双手叠放后放在大腿上。

注意：将手放在小腿上或是手握、手扶小腿都是不可以的。当女生穿短裙面对男生而坐，而面前又没有屏障时，可以将皮包或文件放在大腿上进行遮挡，然后将双手或扶或叠或握置于其上。侧身与人交谈时，通常将双手置于身体所侧的那一条腿上，双手也可叠放或相握放在身旁的扶手上。

（四）身体的朝向

与他人交谈时，为了表示对他人的重视，不仅要面朝对方，而且要将整个身体朝向对方。注意，侧身而坐时，躯干不要歪扭倾斜。

（五）双脚的摆放

落座之后，脚尖脚跟可并拢，也可稍分，或一前一后，或右脚放在左脚外侧。

三、几种常见的坐姿

（一）标准坐姿

标准坐姿应具备以下特点。

（1）上身挺直，前不贴桌边，后不靠椅背，上身与桌、椅均保持一拳左右的距离。

（2）双膝并拢，两腿不分开。

（3）双脚自然垂地，不交叉向前伸，也不摆成内八字状。

（4）双手掌心向下相叠或相握，放于身体的一侧或大腿上。

（5）坐着谈话时，上身与两腿应同时转向对方，双目正视对方。

（二）男生其他常见坐姿

1. 前交叉式坐姿

在标准坐姿的基础上，小腿前伸，两脚踝部交叉。

2. 曲直式坐姿

在标准坐姿的基础上，一脚在前，一脚在后，大腿靠紧，两脚前脚掌着地，并在一直线上。

3. 重叠式坐姿

在标准坐姿的基础上，右腿叠在左膝上部，右小腿内收、贴向左腿，脚尖自然下垂。

（三）女生其他常见坐姿

1. 前伸式坐姿

在标准坐姿的基础上，两小腿向前伸出一脚的距离，脚尖不要翘起。身体可略向前倾，表示对对方的尊敬。

前伸式坐姿适用于与人面对面交谈的场合。

2. 前交叉式坐姿

在前伸式坐姿的基础上，右脚后缩与左脚交叉，两踝关节重叠，两脚尖着地。

3. 曲直式坐姿

在标准坐姿的基础上，右脚前伸，左小腿屈回，大腿靠紧，两脚前脚掌着地，并在一条直线上。

4. 后点式坐姿

在标准坐姿的基础上，两小腿后屈，脚尖着地，双膝并拢。

四、不同场合的坐姿

在会见、会谈等比较严肃的场合，应采用标准坐姿，但不要过于僵硬。注意不要使全身的重量只落于臀部，双手放在桌上、腿上均可。

在上课或倾听教师教导、指点时，除了应端正坐姿外，还应坐在座椅、沙发的前半部分或边缘处，身体稍向前倾，表现出谦虚、重视对方的态度。

在比较轻松的非正式场合，可以坐得轻松自然些，全身肌肉可适当放松，可时不时变换坐姿，以便休息。

五、高低座位坐姿

（一）高座位

坐高座位时，上身仍然要挺直，可以跷腿，方法是将左腿微向右倾，将右大腿放在左大腿上，脚尖朝向地面，忌右脚尖朝天。

（二）低座位

坐低座位时，轻轻坐下，臀部后面距椅背约2 cm，背靠座椅靠背。如果穿高跟鞋的女生坐在低座位上，女生的膝盖会高出腰部，所以此时女生应并拢双腿，使膝盖平行靠紧，然后将膝盖偏向对话者，偏的角度应根据座位的高低来定，一般以大腿和上身构成直角为宜。

六、坐姿禁忌

（1）忌身体前倾后仰、歪歪扭扭。

（2）忌双腿过于叉开或长长地伸出。

（3）忌坐下后随意挪动椅子。

（4）忌将大腿并拢，小腿分开，或双手放于臀部下面。

（5）忌高架“二郎腿”。

（6）忌腿脚不停抖动。

（7）忌猛坐猛起。

（8）忌与人谈话时用手支着下巴。

（9）忌坐沙发时太靠里面，忌呈现出后仰状态。

（10）忌双手放在两腿中间。

（11）忌脚跟落地、脚尖离地。

（12）忌双手撑椅。

（13）忌把脚架在椅子、沙发扶手或茶几上。

课堂训练

五人一组，面对面练习不同的坐姿，并指出组员的优点和缺点。每组练习不少于5分钟，可配音乐进行。

第四节　走姿及蹲姿

教学目标及要求

了解走姿、蹲姿及相关的禁忌。

教学重难点

掌握走姿、蹲姿的规范并运用于学习和生活中。

教学方法

讲授法、演示法、练习法、项目教学法。

知识链接

走姿是人体所呈现出的一种动态，是站姿的延续。走姿是展现人动态美的重要形式。走姿是常见的肢体语言。

在实际生活中有时也会用到蹲姿，如集体合影时前排人员需要下蹲。

一、走姿

走姿以站姿为基础，面带微笑，双眼平视；双肩平稳，双臂前后摆动自然且有节奏，摆幅以30°～50°为宜。双肩、双臂都不应过于僵硬，重心稍前倾，行走时左右脚重心反复交替，使身体向前移动。跨步时应脚跟先着地，膝盖不能弯曲，脚腕和膝盖要灵活、富有弹性。同时，走路时应有一定的节奏感，要走出步韵来。

（一）步位标准

步位就是脚落地时的位置。在行走时，脚尖应对着前方，一般来说，两只脚所走的轨迹应该是一条直线。走路时，方向明确会给人以稳重之感。

（二）步幅适度

步幅是指人行走时两脚之间的距离。步幅的一般标准是前脚脚跟与后脚脚尖的距离约等于自己的脚长。这里的脚长指所穿鞋子的长度。同时，步幅的大小还应当大体保持一致。

（三）步速均匀

步速虽然是可以变化的，但在特定的场合，步速要保持均匀稳定，不宜忽快忽慢。在正常的情况下，每分钟走60～100步是比较适宜的。

（四）步韵优美

步韵是指行走的韵律。行走时，要充分利用好脚腕的力量，双臂应自然、轻松地摆动。平时走路不宜过快，也不宜过于缓慢。

二、变向时的行走规范

（一）后退步

向他人告辞时，应先向后退两三步，再转身离去。退步时，脚要轻擦地面，不可高抬小腿，并且后退的步幅要尽量小。转体时要先转身体，再转头。

（二）侧身步

当走在前面引导来宾时，应尽量走在宾客的左前方。髋部朝向前行的方向，上身稍向右转体，左肩稍前，右肩稍后，侧身向着来宾，与来宾保持两三步的距离。当走在较窄的路面或楼道中与人相遇时，也要采用侧身步，两肩一前一后，并将胸部转向来人，不可将背部转向来人。

三、大学生走姿美

（一）男生的走姿美

男生走路以大步为佳，男生的步伐应刚健、有力、豪迈、稳重，如同雄壮的“进行曲”——坚定、刚毅、洒脱、气势磅礴，具有阳刚之美。

男生走路的姿势应当是昂首闭口，两眼平视前方，挺胸收腹，直腰，上身不动，两肩不摇。走姿要稳健，表现出雄健英武、刚强豪迈的男子风骨。

（二）女生的走姿美

女生走路时，步伐应轻盈、柔软、飘逸、玲珑，宛如柔婉的“小夜曲”，具有阴柔之美。

女生走路的姿势应当是头部端正（头不宜抬得过高），直视前方，身体自然垂直，收腹，双手前后自然摆动，幅度要小，以展示含蓄美。走姿要自如、匀称、轻柔，表现出端庄、文静、典雅的窈窕美。

四、走姿禁忌

（1）忌方向不定，忽左忽右。

（2）忌体位失当，如摇头、晃肩、扭臀。

（3）忌外八字步和内八字步。

（4）忌左顾右盼，重心后坐或前移。

（5）忌与多人一同走路时勾肩搭背、奔跑蹦跳、大声喊叫等。

（6）忌双手反背于背后，忌双手插入裤袋。

五、蹲姿

在大学生日常生活和学习中，若有东西掉在地上，一般会弯腰或下蹲将其捡起。此时，弯腰或下蹲捡起的姿势也有一定的礼仪规范。

（一）基本蹲姿

下蹲拾物时，应自然、得体、大方，不遮遮掩掩。

下蹲时，双腿合力支撑身体，使蹲姿优美。女生无论采用哪种蹲姿，都要将双腿靠紧，臀部向下。

（二）高低式蹲姿

下蹲时一只脚在前，另一只脚在后（不重叠），双腿靠紧向下蹲。前脚全脚掌着地，小腿基本垂直于地面；后脚脚跟提起，脚掌着地。后膝低于前膝，后膝内侧靠于前小腿内侧，形成前膝高、后膝低的姿态。采用此种蹲姿时，基本上以膝低的腿支撑身体的重量。

（三）交叉式蹲姿

下蹲时右脚在前，左脚在后，右小腿垂直于地面，右脚全脚掌着地。左膝由后面伸向右侧，左脚跟抬起，脚掌着地。两腿靠紧，合力支撑身体。臀部向下，上身稍前倾。

六、蹲姿禁忌

（1）忌弯腰捡拾物品时，两腿叉开，臀部向后抬起。

（2）忌两腿张开平衡下蹲。

（3）女生穿短裙或旗袍下蹲时忌两腿之间留有缝隙。

（4）忌突然下蹲。

（5）忌下蹲时距人过近。

（6）忌在人身边下蹲，侧身相向。

（7）忌蹲在椅子上。

（8）忌蹲着休息。

课堂训练

1. 走姿训练。

十人一组，在地上画一条直线，组员依次双脚踩着直线走。注意摆臂情况、步位、步幅、稳定性与协调性，每组练习5分钟。

2. 蹲姿训练。

五人一组，分别练习高低式蹲姿与交叉式蹲姿。

第五章　大学生交友礼仪

教学目标及要求

了解大学生交友原则与方法。

教学重难点

在生活、学习中应用具体的交友原则与方法。

教学方法

讲授法、案例法。

一、交友原则

（一）尊重原则

尊重是礼仪的情感基础，也是交友礼仪的第一原则。

1. 尊重他人的人格

人格集人的价值、荣誉、形象、气节于一体。人们在社交活动中不仅要捍卫自己的人格尊严，也要尊重他人的人格尊严。没有人格的物质生命如同没有灵魂的躯壳。所以尊重他人的人格是尊重原则的第一要义。

2. 尊重他人的个性爱好和性格特质

大学生交友，应不强人所难，不把自己的意志和意愿强加于人。凡遇到与自己个性爱好相违逆或相冲突的事件，应采取协商、恳谈、建议和好言相劝的态度。

3. 尊重他人的权利

应尊重他人的人身自由权利及其他各种权利，包括尊重他人的隐私权。在社交活动中，他人正在说话时，不可随意打断，如果要插话，应讲究礼貌和礼节；去他人家中探访，应事先联络相约，进门之前应礼貌地敲门或按门铃；在别人家时，不随意进入他人的卧室，凡此种种，都表现了对他人权利的尊重。

4. 学会肯定人、欣赏人和赞美人

在社交活动中，爱挑别人毛病是一种狂妄自大的表现，而发现并赞美别人的优点则是谦虚、谨慎的表现。

（二）诚信原则

诚即诚实、诚笃、真诚、诚恳，指待人真实和说话客观公正；信即信用、信任、信实，指为人一诺千金、言行一致。诚与信的统一，要求人们在待人接物的过程中真诚笃实、信守诺言、讲究信誉且实事求是。

诚信原则，即在开始交往时双方就要以诚相待，不能弄虚作假，更不能轻视或嘲笑对方。社交的实质是人与人之间的沟通，因此真诚待人是成功交往的核心，是人与人之间建立友谊和感情的基础。与别人交换看法时，不要含糊其词，要真诚地指出对方认识上的问题，诚恳地说出自己的看法。当他人为自己不礼貌的行为或误解而致歉时，应给予真诚的谅解。

总之，诚乃立身之本，信乃待人之道。交友应自始至终遵循诚信的原则，牢固树立真诚、诚笃、诚实的观念，并以此指导自身的举止言行。只有这样，才能真正体现出礼仪中“礼”的层次和水平，使礼仪包含更多、更好的文明因素和伦理因素，为促进人类的精神文明发展做出更大的贡献。

（三）宽容原则

宽容是待人的原则之一，也是交友礼仪的基本原则。一般来说，宽容是指以宽大的胸怀容忍不同于自己的见解、个性甚至缺点、错误。宽容的具体表现为对别人的行为、习惯等能够给予包容，不予计较；对别人的错误不多加追究；对不同的思想和观点，不采取压制方式等。宽容原则主张以说服和教育的方法进行问题疏导，从而协调人与人之间的关系。

宽容原则的本质是宽以待人，即在交友时保持豁达大度的品格和态度；善解人意、体谅他人，凡事想开一点，眼界高远一点，不紧紧抓住他人的缺点、过失不放；求大同存小异，躬自厚而薄责于人。

（四）平等原则

平等原则是指人们在交友时应一视同仁，尊重他人的价值和尊严，不因对方地位显赫而曲意谄媚、一味讨好；也不因对方地位低下而冷漠忽视、爱搭不理；做到帮助别人不视作恩赐，受惠于人不形成依赖；处下而不卑，处上而不亢。

二、大学生交友原则与交友方法

（一）大学生交友原则

结交天下俊杰、架起友谊桥梁、打通人情渠道、扩大信息来源，是现代人生活不可缺少的一部分。大学生结交朋友时要注意以下几个交友原则。

1. 结交志同道合的朋友

俗话说：“物以类聚，人以群分。”只要留意，朋友就在身边。除了家庭成员外，大学生平时接触最多的是同学，所以同学之间相互了解、知根知底。当然，彼此了解并不一定就能成为朋友，但是了解却是交友的前提。在知人的基础上，大学生就可以有选择地结交志同道合的朋友，并在逐渐交往中不断加深友谊。

2. 善交有真才实学的朋友

常言道："三百六十行，行行出状元。"各行各业都有出类拔萃者，他们往往在本行中卓有建树，受人尊敬、羡慕。与这种朋友交往，往往能获得很多启发和教诲，使自己少走弯路。但是，有真才实学的朋友通常比自己成熟或者年长，所以，大学生要懂得跨越代沟汲取有益的经验，不能只将交友范围限制在同年龄层上。

3. 多交不同类型的朋友

人有所长，也有所短，每个人的兴趣爱好也各不相同。愿意听你倾诉的朋友不一定能帮你解决问题，愿意同你一起出游的朋友不一定能同你一块儿谈诗、写文章。所以大学生要多交不同类型的朋友，以满足自己不同的情感需求。

（二） 朋友重归于好的方法

若朋友之间因摩擦、误解等导致互不来往，应想办法重归于好、恢复正常关系。此时，有以下方法可供选择：

（1）直言赔礼法：放下架子，主动登门造访，向对方赔礼道歉，主动承担责任和过失。

（2）"负荆请罪"法：当矛盾冲突达到让人难以原谅的地步时，应该效仿古人"负荆请罪"，亲自找到受害方表达歉意，勇敢承担一切责任，负责一切后果。

（3）共同活动法：创造机会参加共同感兴趣的活动，拉近心理距离，从而联络感情、消除隔阂。

（4）请人调解法：当面赔礼怕碰钉子，"负荆请罪"又碍于面子，这时，可寻找双方信赖的中间人帮忙调解，这是常见的有效方法。

（5）书信说明法：采用书信说明歉意是朋友、恋人发生矛盾后常用的化解方法，这种方法往往很有效。

（三） 大学生要结交诤友

诤友是指能对朋友的缺点、错误直言规劝的朋友。诤友之所以可贵，在于他们能以高度负责的态度对待朋友的缺点、错误，他们敢于力陈其弊，促其改进。在大学期间，如果能结交几个诤友，那么就可少走许多弯路。然而，在各种各样的朋友中，最难结交的便是诤友。

诤友的特点之一就是敢于批评，勇于指出朋友的不足，这样可能会使朋友不高兴，甚至会因此得罪朋友，因此，有些人不敢也不太愿意做他人的诤友。当他们面对朋友的缺点和不足时，很少有勇气直言指出，往往是佯装不见，睁一只眼闭一只眼。可见，想要做他人的诤友必须要先战胜自己，并抱有对朋友负责的信念，不怕一时得罪朋友，并培养仗义执言的大无畏精神。

从另一个角度看，人们也很难接纳诤友的批评。刺耳的诤言会让人感到心中难受、面子上难堪。有的人对诤友的批评不予理睬，甚至十分反感，这种态度只会伤了诤友的心，破坏彼此之间的关系，最终失去诤友。面对诤友的直言规劝，人们有时也会情绪失控，对诤友发火，但事过之后立刻道歉，挽回损失，仍不失风范和雅量。

但要注意的是，直言规劝也仅限于大是大非的原则性问题，朋友相处并不是事事都要进行指点评说。此外，采取合适的直言规劝方法也是诤友对朋友负责的表现。

三、善于分辨不适合做朋友的人

在平时的学习或生活中，大学生若是遇到志趣相投的人，可以与其慢慢地发展成朋友关系。但是交朋友要有选择，因为并不是所有人都适合做朋友。以下几种类型的人便不适合做朋友。

（1）瞧不起你的人不适合做朋友。

（2）在背后算计你的人不适合做朋友。

（3）不能给你正面影响的人不适合做朋友。

（4）凡事都斤斤计较的人不适合做朋友。

（5）总是把错误推到你身上的人不适合做朋友。

（6）总是挑剔你的人不适合做朋友。

（7）两面三刀的人不适合做朋友。

（8）唯利是图的人不适合做朋友。

（9）见利忘义、翻脸无情的人不适合做朋友。

（10）善于心计的人不适合做朋友。

四、交友六忌

（一）忌不分对象、不分场合开玩笑

朋友之间相处，开玩笑是经常发生的事，但开玩笑要注意对象和场合。不分对象、不分场合开玩笑常常会引起被开玩笑之人的不适，甚至引发不良后果。

1. 根据说话对象的性格来确定玩笑尺度

人的性格各不相同，有的活泼开朗，有的沉稳内敛，有的大度豁达，有的谨小慎微。对于不同性格的人，就要有不同的玩笑尺度。对于谨慎小心的人，应少开玩笑；对于异性，开玩笑要适当；对于老年人，开玩笑时应注意尊重对方。

从总体上说，开玩笑要看说话对象的特点和对玩笑的承受能力，一般应以不伤害对方的自尊心和让对方感到轻松、愉快的方式来开玩笑。

2. 根据说话对象的情绪来确定玩笑尺度

同一个人，在不同时间可能会有不同的心境和情绪。当说话对象在生活或工作中遇到不幸或烦恼时，情绪就较为低落，这时他们最需要的是安慰和帮助。如果在这时去和对方开玩笑，会给对方一种幸灾乐祸的感觉。因此，开玩笑应选择在对方心情舒畅时，或是在对方因小事而不高兴，并能通过玩笑扭转情绪时。

3. 根据说话时的场合、环境来确定玩笑尺度

在安静的环境中（如别人正在专心致志地学习或工作时），开玩笑会影响他人学习或工作，那么在这种场合不适合开玩笑。在庄重的集会或重大的社会活动场合，开玩笑会冲淡庄重的气氛，所以在这种场合也不适合开玩笑。在一些悲伤的环境中，如参加追悼会或去探望病人时，不宜开玩笑，因为这样会引起人们的反感。此外，在大庭广众下，也应少打趣逗笑。

4. 玩笑的内容应健康、风趣、情调高雅

切忌拿别人的生理缺陷开玩笑，即不要把快乐建立在别人的痛苦之上。同时，忌开庸俗无聊、低级下流的玩笑。开玩笑的内容应带有思想性、知识性和趣味性，使大家在开玩笑中学到知识、受到教育、陶冶情操，并从中收到积极的效果。

（二）忌乱起绰号

绰号即外号，一般是根据人们的特点而起的。有的绰号，如称中国女排名将郎平为“铁榔头”，称英国前首相撒切尔夫人为“铁娘子”等，是一种带有褒义的美称，这是大家（包括本人在内）都乐于接受的。但是有时，有的绰号是对别人生理缺陷或其他不足之处的侮辱，这种专揭别人短处的绰号切勿使用。

（三）忌随便发怒

喜怒哀乐本是人之常情，也是人内心世界的一种真实体现。在日常生活和社会交往中，人们都有为自己的行为和感情辩解的动机，久而久之就形成了发怒的根源，一旦遇到不顺心的事就易发脾气。拥有这种心理状态的人平时要多加强自身修养，学会控制情绪。在社交场合中随便发怒，会造成两种不良的后果。

（1）对发怒的对象不友好，会伤了和气和感情，从而失去朋友之间的友谊与信任。

（2）对发怒者本人不利，一方面对本人的身体健康易产生不良影响；另一方面对发怒者本人的形象会有不良的影响，人们会认为他缺乏修养，不宜深交。

在社会交往中，要与朋友友好相处，尽量少发或不发脾气，并从多方面克制自己。遇事要冷静思考，对人要平和礼貌，多为对方着想，以便更好地修正自己的看法。尊重他人，事实上也是在尊重自己。对人平和礼貌，可以表现出自己的修养、风格和气度，可以为自己树立良好的威信，从而赢得更多朋友的信赖和尊重。

（四）忌恶语伤人

恶语是指那些肮脏污秽、奚落挖苦、刻薄侮辱的语言。这些语言和现代文明极不相称，必须杜绝根除。在交友过程中，为避免恶语出现，应注意以下几点：

（1）从自身做起，避免恶语伤及他人。

（2）临时回避，给对方以冷静思考的机会。

（3）及时沟通，以消除彼此之间的矛盾。

（五）忌搬弄是非

在现实生活中，人与人之间的关系应是平等的，是相互理解、相互尊重的。人们要认识到每个人都有自己独立的人格和独特的个性，都有自己的生活习性和兴趣爱好，都有不受他人干涉的生活领域。在他人背后胡乱议论、搬弄是非的做法，会破坏人与人之间的团结，伤害朋友之间的情谊，更甚者会造成社会的不安定。因此，在交友中要注意以下几点。

（1）不要干涉别人的隐私。

（2）不要主观臆断、妄加猜测。

（3）不要传播不负责任的小道消息。

（4）对朋友的过失不能幸灾乐祸。

（六）忌言而无信

人际交往，贵在一个“诚”字。要做到言而有信，应从以下几个方面加强修养。

（1）交友以诚相待。

（2）要记住自己的诺言。

（3）要言而有信，行而有果。

课堂训练

1. 教师解答学生交友过程中的典型问题。
2. 学生互相交谈交友的体会。
3. 大家一起评价一些交友方法的效果。

第六章　大学生通信礼仪

第一节　大学生信函礼仪

教学目标及要求

了解笺文、封文的写作。

教学重难点

掌握笺文的结构及写作规范。

教学方法

讲授法、实践操练法。

知识链接

书信是一种与特定对象互通信息、交流思想感情的应用文书。信在古文中有“音信、消息”之义，无论是托人捎的口信，还是通过邮递人员邮递的书信，以及后来出现的电子邮件、微信等都具有这种含义。

一、书信的构成

书信由笺文和封文两部分构成。

笺文，即写在信笺上的文字，也就是写信人对收信人的称呼、问候、对话、祝颂等。笺文是书信内容的主体，书信的繁简、俗雅以及其他方面的风格特征，都由内容主体决定。

封文，即写在信封上的文字，也就是收信人的姓名、地址和写信人的姓名、地址等。封文是展示给邮递人员看的，使邮递人员知道信从哪里来，以及要寄到哪里去。如果在投递过程中找不到收信人，还能将信退给写信人。

完整的书信应笺文、封文俱全。笺文应装入写好封文的信封内，然后封口邮寄。

二、书信的写作要求

书信虽然是应用文的一种，写法上也比较灵活，但还是要遵循一定的写作要求，具体的写作要求有以下两点。

（一）合乎规范

书信写作合乎规范主要包括书写格式的规范和书信语言的规范两个方面。

（二）言之有物，通情达理

不论是写给谁看，书信所述之事都要实在，所表之情都要率真，所讲之理都要通达。

三、笺文的写作

（一）信笺的款式

现在通常使用的信笺有横、竖两种款式。竖式信笺又称中式信笺，是我国传统的信笺款式。横式信笺又称西式信笺，是如今常用的款式。

（二）笺文的结构及写作规范

笺文主要包括首部、中部和尾部三个部分，笺文的结构如表6-1所示。

表6-1 笺文的结构

首部	称谓
	提称语
	启事敬辞
	开头应酬语
中部	正文
尾部	结尾应酬语和敬语
	问候祝颂语
	自称、署名、礼告敬辞、时间
	附候语与补述语

1. 称谓

称谓，是写信人对收信人的称呼，它表示双方的关系，在信笺第一行起首的位置书写。我国的礼仪文化素来重视人伦、名分，大学生在交际活动中也应特别重视称谓的妥当，写信时尤其如此。笺文中的称谓包括名（字或号）、公职位、私关系（包括血缘关系及世交关系）、尊词等。上述四者，有时可单独使用，如“老师”“妈妈”“大哥”“爷爷”等；有时则可两项联合使用，如“希哲老师”“母亲大人”“王涛先生”“春生儿”等。在实际使用中，四者如何结合需根据具体情况而定。

（1）关于名、字、号的选用。

如果收信人是晚辈，则信中可以直称其名。凡有字或号的收信人，在信中都要称其字或号；也可从收信人的字或号中选一个，并在其后加一个“公”或“翁”“老”字当作称谓。

依照传统习俗，写信时对名、字、号的选用有下列原则：

① 对儿女称名不称字、号；对学生可称字，也可称名或号。

② 对尊亲不称名、号，直接写表示关系的称呼，有时会在称呼后面加上尊词，如“大人”。

③ 对尊长以称字、号为敬，字、号后可加公职位、称呼或尊词。

（2）关于公职位称谓的选用。

公职位，即人在社会（包括国家机关，社会企业、事业单位及社会团体等）中的职务、职称、地位，如部长、局长、校长、主任、经理、董事、会长、秘书长、理事等。如果收信人有两种以上的职务（或职衔），就需要选择一个适当的称谓，选择的原则为收信人的称谓要与书信的内容贴切。例如，收信人从前是写信人的老师，现在正在担任局长职位，而写信人的书信重点是叙师生情谊，那么这封信的称谓选用“老师”更为适宜。

（3）关于私关系称谓的选用。

所谓私关系称谓，即写信人与收信人在家族、亲戚、世交领域相互关系的称呼，如祖父母、曾祖父母、父母亲、叔、伯、兄、弟、姐、妹、姑、舅、姨、岳父母、内兄、内弟、外祖父母、世伯、世侄等。上述这些称呼的选用原则有二：一是要确切表示收信人与写信人之间的关系；二是要合乎习俗，令收信人感到自然、亲切。

（4）关于尊词的选用。

尊词是写信人为了表达对收信人的尊敬之情而附加的称谓，不表示写信人与收信人的实在关系。

常用的尊词有“先生”“女士”“吾兄”“仁兄”等。其中“先生”“女士”使用极为普遍，对于没有适当称谓的收信人，使用“先生”或“女士”是一个不错的选择。“吾兄”“仁兄”普遍用于对平辈的尊称。

2. 提称语

提称语是用来提高称谓的词语。提高称谓，也就是尊敬抬举收信人的意思，除提高称谓之外，有的提称语还有请收信人查阅此信的意思，如“赐鉴”“××老师尊鉴”等。

在现代生活中，提称语常常被省略。省略提称语后，会在称谓后加冒号，如“××老师：”。

3. 启事敬辞

启事敬辞，即表示开始叙说事理的敬辞。常见的启事敬辞为“敬禀者”，意思为“我恭敬地禀告如下事情”。

4. 开头应酬语

开头应酬语是在正文之前书写的几句问候、寒暄类的话，以导引正文。开头应酬语属客套话，现在大多用“您好”，然后连接正文。

5. 正文

正文是笺文内容的主体，即书信所言之事、所论之理、所叙之情。

正文的写作，除了要语言通顺、条理清晰之外，全篇内容的措辞还应得体。书信的叙事论理与写文章的要求有一定区别，书信内容只要事真、理直即可。此外，书信内容须根据收信人的特点及写信人与收信人的特殊关系来进行措辞，措辞的要求并无定格、定式，须凭作者自己的理解及体会去处理。

6. 结尾应酬语和敬语

写信时如果说完正事就结束，收得太急，就会显得不太礼貌，因此要说上一两句客气话，就像平常到朋友家聊天，临告辞之前需要说几句话过渡一下再告辞离开一样。书信的结尾应酬语主要有“临书翘企，敬候佳音”“因故迟复，请谅”“恕不详叙，望早日面谈”，等等。

结尾应酬语的写作原则与开头应酬语相似，须从正文内容引出，做到简洁自然、不落俗套。一般来讲，从书信中心内容自然引出的结尾应酬语比较和谐。

结尾敬语是为了敬告收信人信件内容到此结束，与前段的启事敬辞相呼应。如果开头用“敬启者”，后面则多用“敬此”“肃此”；如果开头用“兹复者”，后面则多用“专此”“草此”。

7. 问候祝颂语

书信的正文后往往还要写一些向对方表示问候与祝颂的话语，以示礼貌。常见的问候祝颂语有很多，现代的有“向您全家问好”“祝您身体健康”“祝你进步”“祝你成功”，等等。传统的问候祝颂语有以下几种情况：如果给长辈写信，多用“敬请×安”“敬颂崇祺”；如果给平辈写信，则多用“即请大安”“顺颂时祺”；如果给晚辈写信，则用“即颂”“顺问”即可。

8. 自称、署名、礼告敬辞、时间

笺文的结尾要写上写信人的名字和写信的时间。需要注意的是，应在名字之前加上相应的自称，名字之下要选用适当的礼告敬辞。

自称，即收信人的自称，例如，给祖父母写信时应自称“孙”（或“孙女”），给老师写信时应自称“学生”，给哥哥写信时应自称“小弟”（或“小妹”），等等。自称与开头所写收信人的称谓是相呼应的，它们之间反映着写信人与收信人之间的关系，有时也反映着特殊的感情或自谦的态度。

署名的方式如下：

（1）尊亲给子孙写信时不署名，只写“祖父（母）示”“父（母）字”即可；

（2）家族中的人或其他特别亲近的人署名时不写姓，只写名或字，如“女儿迎春”“挚友红斌”“愚兄大伟”等。

（3）其余关系应写全姓名，如“学生王欢”“同学林盛”等。

类似“学生×××敬启”“×××叩”等书信中的常用语便是自称、署名、礼告敬辞三者联用的短句，其中的“敬启”“叩”等即为礼告敬辞，也叫作“末启辞”。礼告敬辞应切合写信人与收信人之间的关系。

时间是书信写作必不可少的内容，按照常规，时间应写在书信的最后，即礼告敬辞之下。如果书信中省略了礼告敬辞，那么时间便写在署名之下。

9. 附候语与补述语

附候语是附带问候的辞令。给亲朋写信时，如果与收信人的家人或收信人身边的朋友、同事也有交情，或者写信人的家人及写信人身边的朋友、同事也认识收信人，往往会在信中附带问候，表达思念之情。因此，附候语通常有以下两种情况：

（1）写信人附带问候收信人身边的亲友，如“令尊前乞代请安”（附带问候收信人的父母）或“令兄处乞代候”（附带问候收信人的兄长）。

（2）写信人代自己身边的亲友问候收信人，如“胜利及海涛随叩”（附带代妻儿行礼问候）或“家父嘱笔问候”（附带代父亲问候）。

使用附候语时应注意三点：一是要注意称谓的恰当，二是要另起一行书写，三是力求简练。

补述语，即信写完后，写信人为了补充、说明或强调某些内容而添加的话语。补述语一般用“又及”“又启”加以提示，并且补述语不宜过长。

四、笺文写作的注意事项

（一）避免俗话套话

笺文的内容应立意诚恳，述实在之事，多肺腑之言，少虚饰，勿卖弄。

（二）措辞得体

笺文的内容应准确把握双方之间的关系，恰当地运用称谓及各种礼貌用语，语气要合乎身份，语言风格要符合收信人的特点。

（三）注意书写形式

1. 抬头

抬头是在行文中对言及的人、事、物表示尊敬的一种书写形式。常用的抬头形式有两种，即平抬与挪抬。

平抬，即在行文过程中，将表示尊敬的词语抬至与各行开头齐平的位置，另行接写。

但如果行文中平抬过多，往往会造成笺文形式上的零乱，所以人们又创造了挪抬的形式。挪抬，即将表示尊敬的词语在原行中与其前后的词语之间空一格。

在行文中，对抬头的使用应酌情而定，其使用原则有二：一是看有无必要，二是要照顾笺文的整齐美观。一般来说，抬头不宜过多，要避免一行中有两次以上的挪抬；应尽量减少平抬，若平抬过多，没写几行就会写到底，会显得笺文头重脚轻，令人觉得虚浮。

2. 侧书

侧书是用来表示谦逊的一种书写形式。在书信行文中，凡写到自称或与自称有关的事物时，若想用谦逊的态度提及这些内容，则可将相关内容的词语做侧书处理。侧书即不正书，以表不敢居正之意，竖行的侧书写在行中右侧，字略小于上下文字；横行的侧书写在行间的上侧，字略小于前后文字。

使用侧书的几点注意事项：首侧余不侧；生侧死不侧。我国有“亡者为大”的礼俗，所以如果按身份地位应该侧书的人已经死亡，则不再侧书。此外，要注意人名不应分落两行。

现代的书信已不太注重这些，写信时应根据实际情况自斟。

五、封文的写作

所谓封文，即写在信封上的文字。

（一）封文的内容

封文主要包括以下几项内容：

（1）收信人的地址（如住址、工作单位、学校等）及其邮政编码。

（2）收信人的姓名。

（3）写信人的地址、姓名。

（4）如果托人带信，还要在信封上书写托带语和拜托词。

（二）信封款式的选用及写作

我国目前通用的信封有两种款式：一种是竖式（又称中式），另一种是横式（又称西式）。

竖式信封封文内容分为左、中、右三路，右路写收信人地址，中路写收信人姓名，左路写写信人的地址、姓名。

横式信封封文内容分为上、中、下三路，上路写收信人的地址，中路写收信人的姓名，下路写写信人的地址、姓名。

寄往国外的书信，封文除须注意用寄往国家的文字书写（有的也可用英文书写）外，还须注意格式，一般的书写规则是：封文左上方依次写写信人的姓名、地址（包括邮政编码）、国名，这三项内容也可写在背面封口上，右下方依次写收信人的姓名、地址（包括邮政编码）、国名。

六、书信类个人公文

随着社会的发展，书信除传统用法外，还有了一个新的用法，便是个人公文。私函中，因为个人需要而向政府机构、企业单位、事业单位、知名学者等发送的事务性信件称为个人公文。

个人公文与传统信件中的私信有很大不同，它不是亲友之间的通信，其性质不是告之性而是事务性；它同事务性的公函也不同，公函是机构之间的通信，其主体是机构，而个人公文的主体是个人。

个人公文的写作与传统信件、公函的写作有密切的关系，但不同之处也很明显。个人公文的笺文结构如表6-2所示。

表6-2　个人公文的笺文结构

首部	称谓
	提称语
	启事敬辞
	开头应酬语
中部	正文
尾部	结尾应酬语
	问候祝颂语
	自称、署名、礼告敬辞、时间
	补述语

（一）称谓

称谓有两种情况：一种是写信人与收信人素不相识，也不知道对方的文化背景和社会背景，此时的称谓应该是姓名之后加“先生（或女士）”；另一种情况是，写信人虽然不认识对方，但通过报刊等传媒已经了解了对方的文化背景和社会背景，此时的称谓便可以有所变化，如“××老师”“××教授”“××经理”“××部长”等。

（二）提称语

因为是第一次联系，所以这一部分内容建议采用现代书信的简洁格式。

（三）启事敬辞

启事敬辞建议使用“您好”。

（四）开头应酬语

开头应酬语应该力求简洁，一般以自我介绍为主（不必详细，如果需要，可将自我介绍作为附件），并顺带表达一下贸然打扰的歉意，如“素不相识，贸然打扰，请见谅”，随后再简单、得体地说一说仰慕对方的缘由，然后立刻转入正文。

（五）正文

先要对此次写信的目的做简单的介绍，最好用一两句话概括说明一下，忌绕山绕水，随后再写主要内容。

（六）结尾应酬语

与普通书信一样，个人公文也应在结束部分写上一两句客气的话，然后用“敬候回音”之类的结尾应酬语收尾。

（七）问候祝颂语

在此可用一些笼统的祝颂语，如“顺颂商祺”“顺致教安”等。

（八）自称、署名、礼告敬辞、时间

自称及礼告敬辞可以省略，直接署上姓名、时间即可。

（九）补述语

与普通书信不同，个人公文不必加附候语，而补述的内容也比较固定，在左侧顶行写清楚通信地址、邮政编码即可，也可以注明附件的名称和件数。

课堂训练

简述书信的构成。

课后实践

给父母或师长写一封信，同学互相评议。

第二节 大学生电话礼仪

教学目标及要求

了解电话礼仪的相关知识。

教学重难点

掌握接打电话的礼仪，规范大学生接打电话的行为，使其符合礼仪规范。

教学方法

讲授法、情景模拟法。

知识链接

在现代人际交往中，电话已成为人们交流信息、联络情感的不可缺少的工具。大学生学习电话礼仪的相关知识并将其应用于实际生活中是非常必要的。

一、电话基本礼仪

（1）表情：面带微笑。

（2）姿态：身体挺直，不要东倒西歪、弯腰驼背。

（3）讲话：清晰柔和，吐字准确，语速适中，语气亲切、自然，讲话声音不要太大，也不要矫揉造作、装腔作势。

（4）中途：打电话时应避免同时做其他事情，如果中途确实有非常紧急的事情要处理，应先向对方道歉，并说明原因，然后另约时间再打过去。

二、打电话的礼仪

（一）时间选择

（1）休息时间勿打电话，一般在晚上10点至早上7点之间，无重大的事或急事勿打电话。

（2）就餐时间勿打电话。

（3）节假日无重大的事或急事勿打电话。

（4）如果要往国外打电话，要注意时差问题。

（二）地点选择

一般不应在影剧院、会议中心、餐厅、商场等公共场所打电话。大学生勿在教室、自习室、阅览室等公共场所打电话。

（三）注意通话的时长

通话的时长一般要遵循“电话3分钟”原则，即通话的时间尽量控制在3分钟之内。

（四）用语规范

通话之初，应先做自我介绍，不要让对方“猜一猜”。请受话人找人或代转时，应说“劳驾”或“麻烦您”。

（五）通话内容

接通电话后，应自报家门并确认对方的身份。打电话要坚持用“您好”开头，“请”字在中间，“谢谢”收尾，整体上的态度要温文尔雅。

（六）终止电话

通话结束后，一般地位较高者或年长者先挂电话，不宜“越位”抢先挂电话。

三、接电话的礼仪

接电话时不可太随便，要遵循必要的礼仪规范。接电话时应做到语调热情、大方自然、音量适中、表达清晰、简明扼要、文明礼貌。

（一）迅速接听

电话铃响后应做到迅速接听。一般来说，在办公室里，电话铃响3遍之前就应接听，铃响6遍后就应在接听时向对方表达歉意，如说“对不起，让您久等了”。如果受话人正在做一件要紧的事情，不能及时接听，代接电话的人应为之作出解释。

（二）确认对方认真倾听并作出相应回答

对方打来电话时，一般会主动介绍自己。如果对方没有自我介绍或者接电话的人没有听清楚，接电话的人就应该主动询问，如说“请问您是哪位？”“我能为您做什么？”“您找哪位？”等。

接电话时一定要认真倾听，不要随意打断对方讲话，要搞清楚对方来电的目的，并尽可能迅速地作出相应回答。此外，还要注意回应对方，如使用“嗯”“好的”“知道了”等短语回应对方。

（三）其他注意事项

接电话时，嘴和话筒应保持4 cm左右的距离；要把耳朵贴近听筒，仔细倾听对方的讲话；拿起电话听筒的时候，一定要面带笑容；接电话的时候不能叼着香烟、嚼着口香糖；说话时，音量应适中，不宜过大或过小，吐字要清晰，保证对方能听清楚。

（四）真诚致谢

通话结束时，应尽量让对方先结束通话，并进行致谢和祝福。等对方放下话筒后，再轻轻地放下电话。

四、手机礼仪

手机作为一种现代沟通工具，广泛使用的程度已经超越了传统电话。无论在社交场所，还是在工作场所，人们都经常需要使用手机。使用手机时，也应遵守相应的礼仪规范。

（一）手机的摆放位置

在公共场所，最好不要一直把手机放在手里。可以把手机放在随身携带的包里或者衣服口袋里，还可以放在不起眼的地方，如手边、背后，但不要放在面前的桌子上。需要特别注意的是，不要将手机正对着讲话的人摆放。

（二）手机铃声的选择

随着网络技术的进步与发展，手机铃声不仅可以从网络上下载，而且可以自由编制。选择手机铃声时应遵循以下礼仪规范。

（1）不设置搞怪、音量很大或特别刺耳的铃声。

（2）在公共场所，铃声音量尽量调小，最好选择静音或震动模式，尤其是在课堂、图书馆等安静的公共场所，减少对他人的不良影响是每个人应有的基本礼貌。

（3）在各类考试的考场上，大学生应根据考场要求不带手机进入考场；若带入考场，应关闭手机铃声并上交到指定位置。

（三）参加会议时的手机模式

在参加会议时，最好关掉手机，或是将手机调到震动/静音模式。这样既可显示出对他人的尊重，又不会打断发言者的思路。

（四）短信

在短信内容的选择和编辑上，也应遵循一定的礼仪规范。大学生不要编辑或转发不健康的短信，特别是一些带有讽刺伟人、名人或其他公众人物话语的信息。

（五）安全使用手机

（1）在行车时，不要使用手机进行通话或查看信息，以免分散注意力，造成交通事故。

（2）使用手机时，会产生电磁波，因此不要在加油站、面粉厂、油库等易发生物理、化学爆炸的场所使用手机，以免手机所发射的电磁波引起火灾或爆炸。

（3）不要在病房内使用手机，以免手机信号干扰医疗仪器的正常运行，或者影响病人休息。

（4）不要边走路边打电话、发短信。

（5）不要在飞机飞行期间使用手机。

（6）最好不要在手机中谈论有关国家安全事项的机密事件，以免出现信息外漏，产生不良后果。

（7）要特别注意所处环境周围有无禁止无线电发射的标志，如有，应关闭手机。

（六）尊重他人的隐私

手机里的内容是个人隐私的重要组成部分，为了尊重他人，体现自己的涵养，不要翻看他人手机中的任何信息，包括通讯录、短信、通话记录等。一般情况下，不要借用他人的手机打电话，万不得已需要借用他人手机时，请不要走出机主的视线，并且尽量做到长话短说，用完手机时要向机主表示感谢。

课堂训练

分组模拟以下场景。

1. 给久未谋面的高中班主任打一个电话。
2. 给已投递简历但没收到回音的某单位人力资源部打一个电话。
3. 给老师打一个电话，咨询生源地贷款或助学金发放的情况。

第三节 大学生网络礼仪

教学目标及要求

了解网络礼仪的相关知识。

教学重难点

掌握网络交流的注意事项，规范学生使用网络的行为，使其符合礼仪规范。

教学方法

讲授法、情景模拟法。

知识链接

网络礼仪是互联网使用者在使用互联网时应遵守的礼仪规范。在现实世界中，人与人之间的社交活动有不少约定俗成的礼仪规范；在互联网的虚拟世界里，人们也应遵守相应的礼仪规范，以提高网络和社会的文明程度。

一、网络交流禁止事项

网络交流禁止事项如下：

（1）禁止盗用他人ID与密码的行为。

（2）禁止中伤、诽谤他人的行为。

（3）禁止侵害他人隐私的行为。

（4）禁止妨碍其他网络系统正常运行的行为。

（5）禁止触犯法律的行为。

（6）禁止网上劝诱等商业行为。

（7）禁止宗教、政治方面的劝诱行为。

（8）禁止违反公德的行为。

二、网络交流的注意事项

（一）不随意公开个人信息

不要在互联网上随意公开电子邮箱、真实姓名、地址、电话号码等个人信息。

（二）记住他人的存在

在使用互联网时，因为人们一直面对着电脑屏幕，很容易忘记我们其实是在与其他人打交道，个人行为容易变得粗劣和无礼。因此，网络礼仪非常强调“记住他人的存在”。如果有些话当着他人的面不会说，那么这些话在互联网上也不要说。

（三）网上网下行为一致

在现实生活中，大多数人都是遵纪守法的公民，在互联网上也应如此。在互联网上应遵守的道德和法律与现实生活中是相同的，互联网不是道德低洼，更不是法外之地。

（四）尊重他人的隐私

电子邮件或社交软件（微信/QQ等）聊天记录是个人隐私的一部分。如果不小心看到别人电脑上的电子邮件或其他内容，应严格保守他人的秘密，不可到处传播。

（五）不要滥用权力

相较于普通用户，网络管理员拥有更多权力，要注意合理使用这些权力，切勿滥用这些权力。

三、电子邮件礼仪

大学生使用电子邮件时应遵守下列三个方面的礼仪规范。

（一）认真对待

（1）主题明确。与普通书信一样，电子邮件亦应每一封都有一个主题，并且要令人一目了然。

（2）篇幅短小。由于电子邮件需要利用互联网传送和接收，为防止收发出现问题，电子邮件的内容应短小精悍。

（3）语言规范。电子邮件不同于网友们的网上聊天，所用语言应通俗易懂，应少用生词、怪字或自造的网络用语。凡引用的数据、资料最好注明出处。

（二）切勿滥用

互联网是一个虚拟世界。在互联网上发送电子邮件时，应保持头脑清醒，要注意以下两个问题。

（1）电子邮件并非万能，必须意识到在绝大多数情况下，使用电子邮件进行沟通并不一定比直接会面或使用电话沟通效果好。

（2）不宜滥发电子邮件。

（三）注意安全

在交往中使用电子邮件沟通时，既要确保信息传送渠道畅通无阻，又要自觉维护网络安全。大学生需要谨记以下五点。

（1）不要充当“黑客”。利用学校网络充当“黑客”，不仅不会受人钦佩，反而会影响学校的业务及形象。

（2）不要滥交网友。互联网上鱼龙混杂，用电子邮件滥交网友往往于己不利。

（3）不要弄虚作假。使用电子邮件时一定要讲究社会公德，切勿借此传播虚假信息或散布流言蜚语。

（4）不要胡乱删除。对自己收件箱之内的电子邮件应及时进行处理，如及时回复、及时删除，但对单位或个人重要的电子邮件一定要妥善保存。

（5）不要涉及机密。利用电子邮件传递的机密消息往往难以保障其安全性。

四、保守机密和防范“黑客”

在互联网上和人聊天时，进入聊天室可先与聊天室内的人打招呼；不必使用真实姓名，可用表现自身特点的别名，一旦确定，不宜频繁更换；如果交谈时用到英文，不宜全部使用大写英文字母拼写。人们在现实社交场合交谈的一般规则都适用于网上聊天。

下面关于网络的两项规则，需要再次强调。

（1）保守机密。在使用网络时不能泄露机密，尽量避免谈及自己知道的机密话题，无论是国家机密还是商业机密，都不能故意泄露。

（2）防范“黑客”。“黑客”往往凭借其高超的计算机知识和网络操作技能进入一些重要单位的服务器，或是擅改程序，或是偷窥机密，造成网络的混乱并从中牟利。大学生应正确使用网络技术，不能充当“黑客”，同时要防范“黑客”。对于利用网络进行犯罪的事实，知道后应及时向有关部门和公安机关举报。

课后思考

使用网络时主要应遵循哪些礼仪规范？

课后实践

分小组，各组成员分别介绍一个由虚假网络信息造成危害的案例，然后各组选择一个有代表性的案例在班内分享并讨论。

第七章　大学生校园礼仪

第一节　大学生校园礼仪概述

教学目标及要求

了解大学生校园礼仪的概念与内容。

教学重难点

掌握大学生校园礼仪的基本规范。

教学方法

讲授法、案例分析法。

知识链接

礼仪规范具有很强的实践性和可操作性，从这个意义上讲，高校的素质教育必须落实到校园礼仪中。校园是大学生生活、学习和娱乐的地方，每名大学生都有责任去维护校园的秩序。另外，企业招聘的首要标准往往不是应聘者的专业学分和成绩，他们更看重应聘者的态度、举止、心理素质和文化底蕴。因此，大学生文明素质的养成应该从践行校园礼仪开始。

一、校园礼仪的概念

校园礼仪是指在学校生活、工作的全体师生员工应该共同遵守的基本行为规范。

校园礼仪的适用对象不仅包括学生，还包括全体教职工。学校不仅要传授知识，更要传承文明。在校园中，学生除了学习知识、增长技能外，还必须完成道德品格和文明礼仪的塑造。

二、校园礼仪的内容

具体来说，校园礼仪包括以下三个方面的内容。

（一）大学生言行举止的基本规范

校园礼仪要求大学生遵纪守法、努力上进、尊敬师长、团结同学、仪表得体、讲究卫生。具体而言，就是提倡每一名大学生在校园中严格遵守学生守则。学生守则是大学生的基本行为规范，也是大学生践行校园礼仪的具体要求。大学生是校园文明的主要参与者，应做到尊重教师以及学校其他工作人员；遵守社会公德和学校的各项规章制度；维护教师、学校其他工作人员及自己的尊严。大学生学习和践行校园礼仪，有助于他们学会为人处世，从而成长为一名社会需要的讲道德、讲文明、讲礼仪的现代大学生。

（二）教师言行举止的基本规范

教师是建设文明校园的主力军，应做到为人师表、爱职敬业、尊重学生、善待学生、诲人不倦、循循善诱。教师是文明的导师、育人的园丁、学生的楷模，教师为人师表不仅要表现在课堂上，还要表现在生活中。在社会上，教师的个人形象往往等同于学校的形象，教师的个人形象甚至体现着国家教育的水准。

（三）学校其他工作人员言行举止的基本规范

在校园中，除教师与学生外，学校的行政、后勤等工作人员也应遵守一定的礼仪规范。建设文明、和谐、守礼的校园是学校的每一名行政、后勤等工作人员应负的责任。

第二节　大学生校园交往礼仪

教学目标及要求

了解大学生与教师、同学交往的礼仪的相关知识。

教学重难点

掌握大学生与教师、同学交往的礼仪规范，并在实际生活中多加践行。

教学方法

讲授法、情景模拟法、案例分析法。

一、在教师教学中应注意的礼仪

（一）为教师做好课前准备

课前准备包括擦黑板、整理讲台、准备教学仪器等。学生应提前做好安排，指派专人或大家轮流做好这些课前准备。

（二）课前、课后礼仪

教师宣布上课，班长喊“起立”，学生起立站好向教师行注目礼；教师宣布下课，教师向学生告别说“同学们再见”，学生向教师告别说“老师再见”；待教师离开教室后，学生再进行自由活动。

需要注意的是，学生起立向教师问候时姿态要端正，具体要求如下：

（1）头正，双目平视，嘴角微张，下颌微收，面容平和自然。

（2）双肩放松，稍向下沉，人体有向上的感觉。

（3）躯干挺直，做到挺胸、收腹、立腰。

（4）双臂自然下垂于身体两侧，手指贴拢裤缝。

（5）双腿直立、并拢，脚跟相靠，脚尖向外分开约60°。

（6）班长喊“起立”的声音要洪亮有力；同学们问候时要声音响亮、吐字清晰，充满对教师的尊重之情。

（三）课堂礼仪

（1）为上好每一堂课，教师都要花费很多心思，因此学生应以饱满的情绪，集中精神，积极思考，听好每一堂课。

（2）课堂上教师提问时，学生应该站起来回答问题，回答不上来时应说“对不起，我还没考虑好”。学生有疑问时，应先举手，经教师允许后再发言，不能边举手边说。

（3）教师布置的作业是课堂教学的延续，同样倾注了教师的辛劳和汗水，学生应该按时、认真、独立地完成各项作业，并且认真总结教师在作业上的批改。

（4）学生对教师讲述的内容有异议时，最好在课下单独找教师交换意见，共同探讨；若非提不可也要注意场合和方式，态度要诚恳谦虚，不可扰乱课堂秩序，影响正常授课进程。

（5）学生应虚心接受教师的批评教育，并认真地改正自己的缺点或错误。若教师的批评与事实有出入，学生应要在教师讲过后平心静气地加以解释，或在事后寻找适当的时机加以说明。若学生与教师发生矛盾，不要顶撞教师，更不要在课下散布对教师不满的言辞。

（6）上课迟到的同学应先在教室门外喊“报告”，待教师允许后再进入教室，未经允许不得擅自进入教室。

（7）不要评论教师的相貌和衣着，要尊重教师的人格和习惯。

二、与教师交谈的礼仪

大学生与教师交谈时要注意以下礼仪规范：

（1）与教师交谈态度要诚恳，说话要实事求是。

（2）认真倾听教师的讲话，注视位置大致在教师的双肩与头的三角区，必要时应点头应和教师的讲话。

（3）交谈中应少打手势，如要打手势，一般来讲，手势的幅度是上不过肩、下不过腰。

（4）在交谈时，与教师的距离应保持在1.5 m左右，太近和太远都是不礼貌的。

（5）不要随便打断教师的讲话。谈话中如果有急事需要先离开，应先向教师表达歉意，经教师允许后方可离开。

（6）当不赞成教师的观点时，不要直接顶撞教师，更不要反问和质问教师，应婉转地表达自己的看法。

三、进出教师办公室的礼仪

大学生进出教师办公室要注意以下礼仪规范：

（1）到办公室找教师，一般要先预约，并要按时到达。

（2）进入教师办公室前一定要敲门，得到允许后方可进入。

（3）进入教师办公室后若看到其他教师，应点头致意或问好。

（4）注意不要坐在其他教师的座位上，也不要随便翻动教师办公室的东西。

（5）事情办完后，应立即离开教师办公室并礼貌地向教师告别。告别一般是先谢后辞。

（6）进出教师办公室的动作要轻，不要大声喧哗，以免影响教师工作。

四、其他尊师礼仪

若大学生在进出校园或上下楼梯时与教师相遇，应主动向教师问好，如可以说“老师早上（下午、晚上）好”，并靠右避让请教师先行。在教师的工作、生活场所，大学生不能随便翻动教师的物品或随意使用办公室用品，若确需使用要经教师的允许。大学生要虚心听取教师教诲，诚心接受教育；对教师要诚实，切勿欺骗教师；要珍惜教师劳动成果，积极配合教师完成教学任务；要服从教师的管理，切勿顶撞教师。

五、与同学交往的礼仪

在大学学习、生活中，同学之间朝夕相处。同学情是大学生一生中最宝贵的财富，它具有纯真浪漫、活力四射的特点。大学生与同学交往时应注意遵循相关的礼仪规范，建立一个和睦的同学关系网，使自己度过一段美好又难忘的大学时光。

（一）礼貌相待

大学生与同学相处时，要礼貌相待。例如，若需要同学的帮助，须用“请”“谢谢”“麻烦你”等礼貌用语；同学们经常在一起，难免相互之间借用东西，但是应有借有还。

（二）和睦相处

同学之间和睦相处主要体现在以下几个方面。

（1）在宿舍，要自觉遵守作息时间，按时起床，按时熄灯就寝。起床动作要轻，说话声音要小，尽量避免打扰别人。 自觉保持宿舍卫生，既要搞好个人卫生，又要热心主动地搞好室内公共卫生。不随便在他人的床上坐卧，不随便动用他人的茶具、碗筷、毛巾等用具，不随便翻阅他人的书信、日记等。

带朋友到宿舍玩，注意不要在宿舍嬉戏、打闹、喧哗，以防影响其他同学休息或学习。对来拜访的同学要礼貌友善，有同学家长到来时要礼貌接待。爱护宿舍的公共财物，搞好宿舍同学的团结，互助互谅，严以律己，宽以待人。

（2）要有集体意识。参与校内各种集体活动时要遵守有关规则，同学之间要谦让有礼，相互照顾帮助。在集体生活中，要顾全大局，遵守规章制度，不可我行我素。

（3）要善于交谈，交谈可以增加同学间的了解，增进友谊的同时也增长知识。

（4）要乐于帮助他人。当有同学需要帮助时，应分清是非，辨明情况：如果是对的，应尽力而为，助其一臂之力；如果是弄虚作假，或者是违反校纪的事，就要有正确的是非观，不可同流合污。自己需要帮助时不要强求于人，要学会换位思考，尽量不要给他人带来麻烦。

课堂训练

教师进入教室上课时，学生A、B、C三人正在聊天。上课后，学生A趴在桌子上开始睡觉，学生B、C继续聊天；学生D迟到了，不喊“报告”自行进入教室；教师继续上课，学生B、C开始争吵，之后学生A也参与其中。

分组讨论：以上情景中的学生主要违反了哪些校园礼仪规范？结合自己的日常行为进行自评、组内互评。

课后思考

大学生与同学交往应遵循哪些礼仪规范？

第三节　大学生课堂及校园公共场所礼仪

教学目标及要求

了解课堂礼仪、校园公共场所礼仪的相关知识。

教学重难点

掌握课堂礼仪规范和校园公共场所礼仪规范。

教学方法

讲授法、情景模拟法、案例分析法。

一、课堂礼仪的重要性

课堂礼仪教育是礼仪教育中必不可少的组成部分，它是一种文明教育，对融洽师生关系、集中学生注意力、强化学生纪律观念、协调师生教学步伐等有着十分重要的作用。而在现实生活中，大学生经常出现迟到、旷课、早退、做与上课无关的事或上课穿奇装异服、穿拖鞋背心，以及提问随意、不讲礼节等行为。这些不恰当、不合规矩的行为经常让教师陷入尴尬的境地。所以，大学生应学习课堂礼仪知识，遵守课堂礼仪规范。

二、课堂礼仪的要求

（一）整洁的仪容仪表

大学生进入教室要面容清洁、头发整齐、衣着整洁。男同学不要满面胡茬，女同学不要浓妆艳抹。夏天不能穿背心、拖鞋到教室，也不能敞胸露怀。

（二）举止得体

（1）进门面带微笑，平视教室，如果教师在教室，应向教师致意。

（2）如果迟到，应向教师报告并致歉，得到教师允许后再进入教室。

（3）带好相关书籍与笔记本，不要带与上课内容无关的物品等。

（4）想发言或提问时要举手，经教师同意后起立进行发言或提问。

（5）上课不睡觉、不吃零食、不喝水、不玩手机。

（6）手机等通信工具应保持关闭状态或调至静音状态。

（7）坐姿要端正，具体要求如下：

① 入座时要轻要稳。不要随意挪动椅子或发出巨大的声音。

② 双肩平正放松，两手不要交叉放在胸前，不要抱起肩膀，也不要摊开双臂趴在桌子上或者放在臀下。

③ 立腰挺胸，上体自然垂直，上身不要前倾或后仰，更不可歪歪扭扭，也不要斜靠在椅子上。

④ 双膝自然并拢，双腿放正，双腿不要不停地抖动。

⑤ 坐在椅子上时至少要坐满椅子的三分之二。

⑥ 站起时，要自然稳当，右脚向后收半步再站起来。

（三）遵守课堂纪律

（1）上课铃响后，学生应端坐在教室里等待教师上课。

（2）在课堂上要认真听讲，遇到重要的内容应做好笔记。

（3）当教师提问时，应先举手，待教师点到名字后才可站起来回答问题。

（4）发言时，身体要立正，态度要落落大方，声音要清晰响亮，并应当使用普通话。

（5）下课铃响时，若教师还未宣布下课，学生应当安心听讲，不要忙着收拾书本或把桌子弄得乒乓作响，这是对教师的不尊重。

（6）下课时，全体同学须起立，与教师互道“再见”。

（7）待教师离开教室后，学生方可离开。

（四）维护教室卫生秩序

不要在黑板、墙壁、课桌椅上乱写乱画，不要在教室乱扔果皮、纸屑，不要随地吐痰。要注意保持教室的安静、整洁，维持良好的教室学习环境。

三、校园公共场所礼仪

校园公共场所是大学生生活、学习和娱乐的地方，每个大学生都有责任维护它的秩序，并遵守相应的礼仪规范。

（一）行路礼仪

（1）路遇教师和同学应主动打招呼，需要交谈时应站在不妨碍他人走路和车辆通行的地方。

（2）维护校园的环境卫生，走路时不要随地吐痰或乱扔果皮等杂物。

（3）上下楼梯或在楼道、路上行走时应自觉靠右行走。若上下楼梯或走在狭窄的通道时遇到教师、长者等，应主动站立一旁，请他们先行。

（4）骑自行车时应遵守交通规则，在人多拥挤的地方应礼让行人。进出校门时应下车，自行车应停放在指定的位置。

（二）图书馆、阅览室礼仪

（1）进入图书馆或阅览室要衣着整洁，不要穿背心、拖鞋，翻书前要把手洗干净。

（2）办理借还书手续及进馆（室）要按照次序排队。

（3）就座时，移动椅子时不要发出声音；不要为朋友占座位；走路要轻，阅读时不要发出声音；不要和熟人交谈，更不要喧哗、吃零食、扔废纸、在阅览室里睡觉。

（4）查阅卡片和图书时要轻拿、轻放、轻翻，不能私自剪裁图书资料。

（5）对开架书刊应逐册取阅，不要同时占有多份，阅后应立即放回原处。

（三）食堂礼仪

（1）要有序进入食堂。

（2）进入食堂后，应自觉按次序买饭，不拥挤、不插队，同学间要互相谦让。

（3）如果和师长在一起吃饭，要请他们先入座。

（4）要节约粮食，不可随地乱扔饭粒菜屑；骨、刺以及其他无法吃的东西，不可随地乱吐，可放到餐具里或放到自己准备的其他容器里。

（5）文明就餐，不大声喧哗；打喷嚏、剔牙应以手掩口，不对着别人。

（6）嘴里含有食物时，不要贸然讲话；他人嘴含食物时，最好等对方咽下食物再与其讲话。

（7）准备好餐巾纸，不要用手擦拭口部，应该用餐巾纸擦拭。

（8）注意保持就餐环境卫生，不可在食堂乱扔杂物，不随地吐痰，不吸烟。

（9）要节约用水，洗完手或餐具后应随手关闭水龙头；要爱护公共财物，不可用脚踏饭桌、座椅等。

（10）要尊重炊事人员、食堂管理人员的劳动；遇到问题时，切不可争吵、辱骂或当面顶撞炊事人员及食堂管理人员，应通过食堂管理部门或其他途径解决。

（11）同学之间在一起就餐时，应文雅、得体。

（12）注意使用礼貌的称呼和礼貌用语，如“师傅”“请”“麻烦您”“谢谢”“对不起”等。

（四）寝室礼仪

（1）要遵守学生宿舍的管理制度，不做学校禁止的事。不私接电源，不使用宿舍禁止使用的电炉、电饭煲、电热毯等。

（2）要尊重宿舍管理人员，服从管理，积极配合他们进行安全、纪律检查。

（3）要自觉遵守集体的生活秩序和作息时间，按时起床、入寝、熄灯，不影响他人休息。

（4）同学之间要互相团结、互相尊重、互相关心、互相帮助、和睦相处。对有困难或生病的同学要多关心照顾，同学间有小矛盾要互谅互让。不可乱用别人的物品，不可随意翻动别人的东西。

（5）讲究卫生，爱护集体荣誉，自觉参加值日，主动搞好公共卫生，保持宿舍环境的整洁美观。不在宿舍内吸烟、饮酒，不向窗外及走廊泼水、乱扔果皮等杂物；平时注意个人卫生，衣服要勤换洗，床铺要勤打扫，被褥要叠整齐，用具要摆放合适。

（6）爱护公共财物，养成节约用水、节约用电的好习惯。不在墙上乱写、乱画、乱贴、乱钉。

（7）不在宿舍楼内大声喧哗、打闹，不在楼道内拨打手机，不影响他人休息。

（8）讲究文明礼貌，以礼待人，教师及客人进入寝室时，下铺的同学要起立，上铺的同学要坐起，主动打招呼，当客人告辞时应以礼相送。

（9）在宿舍里接待亲友或外人应提前告知同寝室室友。进门后，应主动向其他同学介绍来访的人。交谈声要轻，时间不应太长，以免影响其他同学学习或休息。

（10）同学间的关心也要有个限度，如果过分热心于别人的私事也会导致侵犯他人的隐私。不能私拆别人的信件和快递；不能随意散布同学的个人信息，更不能制造谣言诋毁同学。

四、集体活动礼仪

（一）体育赛场礼仪

（1）提前依次进场，按指定位置入座。

（2）观看比赛时不要大声喧哗、高声喊叫。

（3）应对比赛双方一视同仁。

（4）礼貌对待比赛的运动员，对其偶尔的失误要原谅、鼓励，不可当场出言不逊，更不可对其投掷物品。

（5）要支持裁判员的工作。瞬息万变的体育竞技，难免出现判断失误，不应对裁判无理起哄。

（6）要维护赛场内的公共卫生。

（7）退场时不要拥挤。

（二）影剧院礼仪

（1）尽量提前入场，如在演出或节目开始后到场，则应轻轻地入座，穿过座位时身姿要放低，脚步要轻，不要影响他人观看演出或节目，对起身让座的观众要致谢。

（2）要自觉遵守场内规定，不吃有响声的食物，不随地吐痰，不乱扔果皮纸屑。

（3）观看时坐姿要稳，不要左摇右晃，不要把脚蹬在前排的座椅背上，以免弄脏座椅或别人的衣服。

（4）观看演出或节目的过程中要保持安静，不要大声讨论。

（5）如要咳嗽、打喷嚏，应用手帕或纸巾捂住口鼻，以防飞沫溅到他人身上。

（6）观看演出或节目的过程中不应随意走动，也不应随意退场；不得已提前退场时，离座的动作要轻，身姿要放低，不要站在过道或剧场门口。

（7）不在演员或指挥致谢前鼓掌，不在演出中途看书报杂志。

（8）观看演出或节目的过程中不使用通信工具，不吹口哨，不起哄，不喝倒彩。

（三）集会礼仪

集会是学校经常举行的活动，一般在操场或礼堂举行。由于参加人数众多，又是正式场合，因此学生要遵守相应的礼仪规范。

（1）参加集会应提前5分钟入场，要按指定位置入座，集会结束后要有序退场。

（2）服从集会统一指挥，遵守集会统一要求，集会期间不能无故提前离开，也不要随便来回走动。

（3）要聚精会神地听报告或看演出，不随便议论、讲话、大声喧哗、打闹，保持会场肃静。

（4）要注意保持会场卫生，集会期间不吃东西，不乱扔瓜果皮核，不随地吐痰、吐口香糖等。

（5）要遵守安全纪律，服从管理，不擅自离队和独自行动。

（6）如有上级领导或客人参加集会，应在他们到达时以热烈的掌声表示欢迎；离场时应让领导或客人先走，并以热烈的掌声表示欢送。

（四）升旗礼仪

参加升旗仪式要做到不迟到，服饰要整洁、大方得体，全体学生应整齐列队，面向国旗，肃立致敬。当升国旗、奏国歌时，应立正脱帽，行注目礼，直至升旗完毕。升旗是一项严肃、庄重的活动，一定要保持安静，神态庄严，切忌自由活动、嘻嘻哈哈或东张西望。

课后思考

1. 大学生在课堂教学中应注意哪些礼仪？
2. 大学生与同学交往时应注意哪些礼仪？
3. 大学生进入教室前在衣着打扮方面应注意什么？
4. 大学生在图书馆、阅览室应注意哪些礼仪？

第八章　大学生求职面试礼仪

教学目标及要求

了解并学习求职面试过程中的一些基本礼仪，避免因为一些礼仪细节上的疏忽而错失就业机会。

教学重难点

掌握求职面试礼仪规范，并在具体面试场合中加以应用。

教学方法

讲授法、讨论法、任务实施法、情景模拟法。

一、面试的类型和结构

面试是招聘单位对应聘者进行的当面考核与测试。通过面试，招聘单位可以直观地了解应聘者的档案资料和笔试所反映不出来的一些情况，如应聘者的仪表、气质、性格、品德修养，以及语言表达能力、逻辑思维能力、应变能力等。为了能够在面试时得心应手、应对自如，应聘者应提前熟悉用人单位通常采取的面试类型和面试结构。

（一）面试的类型

不同类型的招聘单位，往往会根据招聘目的和职位需求采用不同类型的面试。概括起来，面试主要有以下几种类型。

1. 主导式面试

主导式面试，也称提问交谈测试法。面试时，招聘单位会组建一个面试小组，事先准备好各种问题，面试过程中会与应聘者面对面地交谈，直到获得足够的信息后再进行评分。这种面试较为常见，一般用于第一轮面试。

2. 答辩式面试

答辩式面试，也称知识测试法。面试时，招聘单位根据工作岗位的具体要求事先编制试题，由应聘者现场进行口答或笔答。这种面试主要用于考查应聘者对工作岗位知识的掌握程度，以及应聘者分析、理解、判断、解决问题的能力。专业性较强的岗位，如教师、市场营销、公关、外贸等常常采用这种面试方法。

3. 观察式面试

观察式面试，也称情景模拟测试法。招聘单位会根据工作岗位的需要，设计出与实际工作内容和情景相似的特定环境，然后让应聘者扮演相关角色。例如，招聘教师时，招聘单位会让应聘者现场试讲；招聘管理、文秘人员时，招聘单位会根据有关内容让应聘者现场处理相关文件、接听一些与工作相关的电话；招聘专业技术人员时，招聘单位会让应聘者现场完成调试仪器、测试数据等实际操作。

4. 集体讨论式面试

集体讨论式面试，也称无领导小组讨论法。招聘单位会让众多的应聘者临时分成几个小组，就预先拟定的问题展开讨论。问题可能是某种任务、某项活动的决策，也可能是某个专题。招聘单位会先提出讨论的要求、标准和时间限制，然后让应聘者自行展开讨论、研究和处理。

在这类面试中，面试官表面上没有参与到面试中，但实际上一直在暗中观察应聘者。他们不仅可以看到每个应聘者的智力发挥、能力表现、性格表现，而且可以看出他们解决问题和完成任务的思路、对策、信心与毅力等，从而比较各个应聘者的综合能力。

5. 评估中心考核

有些专业化程度高的外资企业通常会用一至两天的时间，通过第三方评估中心的一系列考核方式进行人才选拔。这些考核方式包括在公众面前进行个人演讲、无领导小组讨论、团队创建游戏、辩论等。评估中心考核的目的是测试应聘者的适应能力，以及在一个全新的、毫无准备的情境中处理问题的能力。

（二）面试的结构

尽管面试的类型千变万化，面试的风格也会因面试官个人的偏好有所差异，但是面试的结构却大同小异。一个典型的面试通常由以下四个部分组成。

1. 自我介绍

这是应聘者与面试官建立互动关系的第一步。在应聘者2～3分钟的简短陈述中，面试官将对应聘者的精神面貌、表达方式、工作态度等获得初步了解，从而形成至关重要的第一印象。

2. 背景陈述

在这一部分，面试官将重点考核应聘者是否具备与未来工作要求相符的基本能力，故这个阶段的问题会涉及各个方面。

3. 交流讨论

这是面试过程中最为关键的部分。面试官试图把应聘者的资质和职业兴趣与单位可以提供的工作职位进行匹配。这部分的内容可能是应聘者未来工作中会遇到的难题，比如，“公司产品的价格标准是不可以改变的，如果这个标准不能得到客户的认可，你将如何说服客户”“如果企业有一笔应收账款没有收回，你是负责这项工作的人，你应该怎么办”，等等。在这一环节，招聘单位也有可能让应聘者讨论貌似与工作无关的宏观战略性问题，比如，“如果你是教育部部长，你将如何推动素质教育”“2022年冬奥会对中国旅游业的发展起到什么样的作用”，等等。显然，应聘者如果对工作职位没有充分的了解，对招聘单位惯用思维方式和表达方式不熟悉，是回答不好上述问题的。因此，任何一场与面试官进行的富有建设性的对话，都应该建立在充分调查的基础之上。

4. 结束阶段

面试官可能会利用面试的最后几分钟回答应聘者仍然留有困惑的问题，同时告诉应聘者将在什么时候得到面试的结果，并介绍接下来的考核方式（如第二轮面试、公司参观等）。

二、面试的仪表及服饰礼仪

（一）仪表

应聘者在面试前对个人的仪表进行适当的修饰是十分必要的。

1. 男生

（1）头发要清洁、整齐，不要太新潮。

（2）要精神饱满，面带微笑。

（3）要刮胡须，饭后要洁牙。

（4）指甲不宜过长，并要保持清洁。

2. 女生

（1）发型应文雅庄重，梳理整齐，长发不可披散，要用发夹夹好或束辫，发色不宜太鲜艳。

（2）应化淡妆，面带微笑；如果喷香水，应选用清新、淡雅的类型。

（3）牙齿、嘴巴及周边应清洁，确保无食品残留物。

（4）指甲不宜过长，并且要整洁，若涂指甲油，颜色应自然。

（二）服饰

应聘者的外在形象影响其留给面试官的第一印象。外在形象的好坏在一定程度上会影响应聘者能否被录用。一位资深人力资源专员曾说过，一个人不可能因为戴了一条领带而获得某个职位，但他肯定会因为戴错了一条领带而失去一个职位。由此可见，得体的衣着对求职有着不容忽视的作用。

1. 男生

（1）在春、秋、冬季面试时，男生最好穿正式的西装；在夏季面试时，男生要穿长袖衬衫，系领带，不要穿短袖衬衫或休闲衬衫。

（2）西装要平整干净，口袋不可放物品，色调应以深素色为主，如藏青色、蓝色、黑色、深灰色等。

（3）配套的衬衫最好选择白色或浅色。

（4）领带应选用丝质的，可以选单色或印有小型规则重复图案的，这样的领带格调更高雅。斜条纹的领带则能凸显出人的才智。具体而言，应该根据西装外套和衬衫的款式搭配领带，不可太过花哨。领带在胸前的长度以达到皮带扣为宜。如果一定要用领带夹，应夹在衬衫第三个扣子和第四个扣子的中间位置。

（5）袜子一般选深色，皮鞋宜选黑色，皮带要和西装相配，一般选用黑色。皮鞋、皮带、皮包三者颜色应一致。

（6）眼镜要和自己的脸型相配，镜片应擦拭干净。

2. 女生

（1）整体着装要简洁、大方、得体。职业套装是最简单、最合适的选择。

（2）裙子不宜太长，但也不宜太短。

（3）低胸、紧身的服装，以及过分时髦和暴露的服装不适合在面试时穿。

（4）春、秋、冬季可穿花呢等较厚实面料制成的套装，夏季可穿用真丝等轻薄面料制成的套装。衣服的质地不要太薄、太透。

（5）服装整体的色彩要表现出青春、典雅的格调，不宜穿抢眼的颜色。

（6）丝袜宜选近似肤色的颜色，此外还要检查丝袜是否有脱线和破损情况。

（7）皮鞋的式样应简单，并且不宜有过多装饰，后跟不宜太高。皮鞋颜色应与套装的颜色一致，不宜穿凉鞋。

（8）随身携带的包不要太大，款式可多样，包的颜色要和服装相搭配。

（9）佩戴的饰物要与整体服装搭配，以简单朴素为宜。

3. 禁忌

男、女生都不应在面试时穿T恤、牛仔裤、运动鞋。女生不宜穿戴得过于花枝招展、性感暴露，这样会破坏面试的气氛。

总之，大学生面试前的仪容、仪表要做到整洁、大方、端庄、得体。

三、面试举止礼仪

面试在大多数情况下是应聘者与面试官最直接的接触，除了讲话以外，仪态举止等肢体语言对面试成败的影响也非常大。

（一）准时

面试时一定要准时守信，最好提前15～20分钟到达面试场所，这样既可以熟悉一下周围的环境，也有助于自己调整心态、稳定情绪，避免仓促上阵。

（二）尊重接待人员

到达面试地点后，应主动向接待人员问好，并进行自我介绍，同时要服从接待人员的统一安排。有些单位对应聘者的考核从这一刻就已经开始了。

（三）耐心等候

到达招聘单位后，接待人员会引导应聘者前往面试会场外等候，应聘者在等候时应保持耐心，切忌东张西望。

（四）重视见面礼仪

在进入面试会场时，应聘者不要紧张，不论门是开是关，都应先轻轻敲门，得到允许后才能进入，切忌冒失入内。进入后，背对面试官将门关上，然后缓慢转身面对面试官。整个过程要自然流畅，不要弄出大的声音。

在进入面试会场后，应聘者应先向各位面试官问好，当对方说“请坐”时，一定要先说“谢谢”再坐到指定的位置，同时要保持良好的坐姿。

（五）自我介绍

当面试官要求应聘者作自我介绍时，应聘者不能照本宣科地把简历上的内容念一遍，而应自然地作一下自我介绍，一般只将简历中的重点内容稍加说明即可，如姓名、毕业学校、专业和特长等。自我介绍要简洁、清晰、充满自信，态度要自然、亲切、随和，语速要适中，目光应正视对方。

（六）从容应答

面试官提出问题时，应聘者要认真聆听。为了表示自己已听懂并对面试官所说的内容感兴趣，应聘者可以在适当的时候点头、提问或应答。

（七）学会倾听

在面试过程中，应聘者要主动积极地回应面试官需要的信息，展示出应聘者的能力和风采。而倾听也是一种很重要的礼节，好的交谈是建立在倾听的基础上的。

（八）适时告退

当面试官有意结束面试时，应聘者要适时起身告辞，面带微笑地表达谢意，并与面试官礼貌道别。

四、面试谈话礼仪

（一）谈话内容方面

（1）应注意使用礼貌用语，切忌出现不文明的语句。例如，称对方公司时要用“贵公司”。另外，“请”“谢谢”等礼貌用语要常挂在口。面试过程中不要说口头禅，更不能出言不逊、贬低他人。

（2）在回答问题时，忌问少答多或问多答少。

（3）要注意把握谈话的重点，不要离题、啰唆。需要强调的是，在回答任何问题时都要诚实，做到准确客观，不可编造谎言或夸夸其谈。

（二）谈话形式方面

（1）应用普通话对答，发音要准确，吐字要清楚，语速要适中，语调不宜过高，声音不能太小。

（2）说话时态度应诚恳谦逊，不要咄咄逼人。如果自己要提出一些要求，应使用商量的语气。

（3）切忌打断面试官的谈话或随意插话，这是极不礼貌的行为。

（4）说话时不要滔滔不绝、口若悬河、狂妄自大。

五、面试交流与表达的技巧

在回答面试问题时，真诚应对、巧妙表达是获得成功所必不可少的法宝。具体来说要注意以下几个方面。

（一）要坦率诚恳、实话实说

面试官可以谅解一个人的不足，但绝不会欣赏虚伪和傲慢的人。狂妄自大的应聘者败下阵来时往往不知原因所在。因此，在面试过程中，如果面试官谈到应聘者的不足，或指出应聘者的错误观点时，应聘者不要试图辩解；应聘者如果遇到一些自己不熟悉或根本不懂的问题时，应坦率承认，不要回避或牵强附会地解释一番。

（二）表达要简洁明了、谦逊慎重

在面试过程中，应聘者的表达应清晰明快。在阐述自己的想法时，尽可能先说论点和结论，再根据具体需要加以论证，这样可以使表达更加简明扼要。讲话时应尽量不使用模棱两可的语言，譬如，回答某一问题时不宜使用“还行”或“可能很强吧”等。最好用貌似平直，实则蕴含了应聘者的能力、特长和专业的表述。但应注意不要夸大自己的能力，尽量用具体的事例来说明问题，避免用“极好”“极强”等字眼。因为强中更有强中手，面试官对你的期望值越高，失望值可能就越大。

（三）要明确角色，不要侃侃而谈

有的应聘者在面试时会对招聘单位未来的发展侃侃而谈，就像自己是来应聘董事长或智囊团主席似的。这类人往往聪明能干，并在面试前对招聘单位做过一些调研工作，但他们却忽视了最重要的一点：一个已具规模的单位，需要的不是半途杀进来的“莽张飞”，而是踏踏实实的好员工。单位想招聘的是下属，而非上司，这是应聘者一定要切记的。

（四）要学会倾听和分析问题，机智应变

有些问题，面试官并不需要应聘者给出一个明确的答案，他只是想从应聘者的回答中判断应聘者处理问题的方式、原则和能力，判断应聘者的性格和人品。因此，这就需要应聘者在回答面试官问题的同时判断面试官提问的意图究竟是什么。

课后思考

一、分析问题

1. “我原来那个单位的人际环境太差了，小人太多，没法与他们相处。”

2. “现在已有多家公司表示想要我，所以请你们务必于这个月底之前答复我。”

3. “我毕业于名牌大学，学的又是热门专业，我是一个杰出的人才，我想实现我远大的理想和宏伟的抱负。”

4. “我很想知道如果我到你们公司工作，每个月会挣多少钱。”

二、问答题

1. 为什么面试时要讲究礼仪？面试礼仪包括哪些内容？

2. 面试交流与表达的技巧有哪些？试举例分析。

第九章　大学生拜访与接待礼仪

教学目标及要求

了解拜访、接待前的预约及其他准备工作。

教学重难点

掌握拜访、接待中的礼仪规范。

教学方法

讲授法、案例法、情景模拟法。

知识链接

不同的拜访对象属于不同的交际类型。了解和掌握拜访对象的交际类型及特征，因人施礼，对于大学生根据具体情况开展拜访活动或接待活动具有重要意义。

一、拜访的概念和意义

（一）拜访的概念

拜访是指亲自或派人到长辈、朋友、亲戚家或与有业务关系的单位进行拜见访问的活动。人与人之间、单位与单位之间、个人与单位之间都可进行拜访。

（二） 拜访的意义

通过拜访，人们可以交流信息、沟通思想、统一意见、增进感情。

（1）礼貌的拜访可以给他人留下好印象。人与人的交往若有好的开始，后续的沟通便会更自然、更愉快，信息的传递也更直接有效。

（2）拜访是联络感情的一种有效方法。社交礼仪中最重要的情感特征是真诚，不论是工作社交还是个人社交，不论是老友还是新友，不论是在商界还是在政界，拜访的目的都是以真诚之心换取他人之心，以真诚的行为对待他人，以真诚的话语打动他人。

（3）在信息时代，人们进行面对面交流的机会相对减少，面对面的拜访活动更能令双方加强了解，并可迅速增进双方的感情。拜访往往会为交际双方带来意想不到的效果，并为此后的发展铺平道路。

二、拜访的类型

（一）按照拜访性质分类，拜访可分为公务拜访和私人拜访

1. 公务拜访

公务拜访是指单位与单位之间为了达到团体的目的而进行的拜访活动。

2. 私人拜访

私人拜访是指个人之间为了促进感情交流、建立良好友谊而进行的拜访。

（二）按照拜访方式分类，拜访可分为主动拜访与应邀拜访

1. 主动拜访

主动拜访是指单位或个人为了某种需要主动联系有关单位或人员而进行的拜访。

2. 应邀拜访

应邀拜访是指拜访者接到相关团体机构或个人发出的正式邀请后进行的拜访。

（三）按照拜访目的分类，拜访可分为情感型拜访、商务型拜访、礼节型拜访、事务型拜访和政治型拜访

1. 情感型拜访

情感型拜访是指为了加深感情、增进友谊而进行的拜访。

2. 商务型拜访

商务型拜访是指为了加强单位之间的业务往来、宣传并推销产品等而进行的拜访。

3. 礼节型拜访

礼节型拜访是指为了表达对对方的尊重与关心之情而进行的拜访。

4. 事务型拜访

事务型拜访是指为了处理某一事务，以达到某种目的而进行的拜访，如传达上级部门的精神，以便使该精神更好地贯彻落实。

5. 政治型拜访

政治型拜访是指国家首脑或党政要员之间为达到某种政治目的而进行的拜访。

下面主要介绍与大学生相关的事务型拜访和私人拜访时应遵循的礼仪。

三、事务型拜访礼仪

在日常的学习、生活中，无论出于何种原因去拜访他人都要讲究礼仪，不可失礼于人，损害自己和单位的形象。

（一）选好时机，注重预约

拜访之前应通过电话或电子邮件与对方预约。拜访应选择在比较恰当的时间，不得已要突然拜访时，可提前一小时打电话告知对方。

确定拜访时间时，不能只考虑自己方便的时间，应选取双方都方便的时间。事务型拜访在拜访时间的选择上应尽量选取对方比较空闲的时间。到写字楼进行拜访时，不要选择星期

一。中国人普遍有午休的习惯，因此拜访的时间不宜安排在中午，更不要选在用餐时间。在现实生活中，去办公区域拜访一般应提前5～7分钟到达，去私宅拜访时应尽量准时到达。

（二）拜访前的准备

（1）确定好拜访目标并拟好具体谈论的话题，以提高办事效率。

（2）准备好可能用到的文字资料或电子资料。

（3）熟悉拜访所在地的交通情况，以免因走弯路而错过约定时间。

（4）出门之前，应根据拜访的对象、目的等对衣物、仪容作适当的调整。蓬头垢面、衣冠不整的形象不仅会使他人感觉不愉快，而且还会使他人感觉不被尊重。

（三）拜访礼仪

（1）从到达接待室起，拜访就已开始。首先要清晰、有礼貌地介绍自己的姓名、所在单位或学校，有无预约等基本信息。

（2）进入接待室后，应先在下座的位置坐下。当被邀请坐上座时，才可换到上座的位子。

（3）在等待期间，不要在室内来回走动，不要通过谈话来消磨时间。如果已经等了20分钟，可以询问接待者或助理约见者什么时间可以会面，若时间与自己日程冲突，可以向接待者或助理解释并另约时间。

（4）拜访者被引到约见者办公室时，要对对方抽出宝贵的时间来接待自己表示感谢。如果是初次见面，就要先做自我介绍，如有同行者则要主动进行介绍。

（5）拜访者对约见者的举动和反应要敏锐，当约见者有结束会见的意思时应立即起身告辞，千万不要再拖延时间，如未完成拜访工作，可约定下次会面的时间。若是重要的拜访，拜访之后要给对方发送电子邮件表达感谢，这样做可加深对方对自己的好感。

四、私人拜访礼仪

（一）拜访前要预约、避时、守时

拜访前要约定一个时间，且守时、守约，以免扑空或打乱对方的日程安排。

拜访应避开用餐时间。上午的拜访应在11点30分之前结束，下午的拜访最迟在4点开始，并在5点之前结束。如因特殊情况不能前去拜访，一定要提前通知对方并表达歉意。

（二）拜访中的礼仪

1. 敲门或按门铃

到拜访对象家门外时，要先敲门或按门铃，通报自己的姓名和单位，等到有人应声允许进入或出来迎接时方可进入。不打招呼就擅自闯入，即使门是敞开的也是非常不礼貌的行为。

敲门要讲究艺术，应弯曲食指用指关节敲门，力度要适中，先间隔有序地敲三下后等待回音，如无应声，可稍加力度再敲三下，如有应声，可侧身站立于右门框的一侧，待门开时再向前迈半步，与主人相对。

2. 注意物品的搁置

当主人开门时应礼貌询问主人自己是否需要换鞋，并询问放鞋的位置（有的家庭是放在门外而不是地垫上）。

拜访时如带有物品或随身带有外衣和雨具等，应该放到主人指定的位置，不可乱扔、乱放。

3. 注意行为规范

进屋以后，应主动向所有人打招呼、问好，或适当寒暄。接着应按主人指定的座位入座，入座后要注意姿势。跷二郎腿、双手抱膝、东倒西歪都是不礼貌的行为。若主人递上烟、茶，应从座位上欠身并双手接过，同时向主人表示感谢。若主人用果品款待，要等年长者或其他客人取用后自己再取用。

4. 尊重主人的生活习惯

到他人家中拜访，应尽量适应主人的生活习惯。例如，主人没有吸烟的习惯，那么做客时不要吸烟，以示对主人的尊重。

主人没有邀请拜访者参观其他房间或设施时，不应主动提出参观请求，更不能未经主人许可就四处走动。总之，去他人住所拜访时，一定要自律，尽量不要给主人增添麻烦。

5. 卫生间的使用

如果是短时间的拜访，那么应尽量避免使用主人家里的卫生间。若拜访时间较长，确实需要使用卫生间，应先向主人请示，得到允许后再使用。

6. 控制好拜访时间，掌握谈话技巧

拜访者不宜在主人家待太久，一般应控制在30分钟之内，与主人交谈时要客气，并尽快选择合适的时机说清拜访的目的。

此外，遇到以下这几种情况应适时告辞：一是双方话不投机，或谈话中主人反应冷淡，甚至不愿回应时，应及时收住话题，适时起身告辞；二是主人频繁看表时，应主动提出告辞，若主人说“再坐坐”之类的话，也应明白这只是客套话，如果没有非说不可的话，就应起身告辞。

7. 道别

起身告辞时，要向主人表示 “打扰”的歉意。如主人家中还有其他客人，应礼貌地向其他客人打招呼，或者说：“对不起，我先走一步，请你们继续谈。”当其他客人有起身相送之意时，应说：“别客气，您请坐。”出门后，应回身主动伸手与主人握别，并说："请留步。"待主人留步后，走几步，再回首挥手致意并说："再见。"当走到门外第一个拐弯处时，一定要再回头看看主人是否仍在目送，如果主人还未返回，应向主人挥手，以示谢意，并请主人返回。

五、接待

（一）接待的概念

接待是指个人或单位以主人的身份招待有关人员，以达到某种目的的社会交往方式。

接待和拜访一样，可以起到增进联系、提高工作效率、交流感情、沟通信息的作用，也是个人和单位经常运用的社会交往方式。

（二）接待的原则

无论是单位还是个人，在接待来访者时，都希望客人能乘兴而来，满意而归。为达到这一目的，在接待的过程中一定要遵循平等、热情、礼貌、友善的原则。

（三）接待的类型

（1）公务接待。公务接待是指为完成上下级之间、平行机关之间的公务活动而进行的接待。

（2）商务接待。商务接待是指针对一定的商务目的而进行的接待。

（3）上访接待。上访接待是指政府部门对上访群众的接待。

（4）朋友接待。朋友接待是指朋友之间为增进友谊、加强联系而进行的接待。

（5）家庭接待。家庭接待主要指亲朋好友之间的接待。

下面着重介绍一下商务接待和家庭接待方面的礼仪规范。

六、商务接待礼仪

（一）全面考虑，周到安排

1. 确定接待日程

接待日程，即接待客人的具体日期安排。商务接待一般包括迎送、会见、谈判、参观、游览、宴请等项目。接待方应对客人的要求予以充分的考虑，接待日程一旦确定，应提前向客人通报。

2. 确定接待场所

接待场所即通常所说的会客室。在客人到达前要根据具体情况精心布置好会客室，一般情况下应先打扫会客室的卫生，并适当地准备一些水果、饮料、茶具，也可摆放一些鲜花。此外，还应准备一些文具及可能用到的资料，以便接待过程中使用。

3. 安排接站

接待人员要提前了解客人乘坐什么交通工具。如果是开车来访，做好相关迎接准备即可；如果是乘火车、飞机、轮船来访，则应做好接站准备。接站时如单位有车应带车前往车站、机场或码头候客，同时还要准备一块接客牌，接客牌应写上“迎接×××代表团”“迎接×××同志”“×××接待处”等字样。

4. 安排食宿

接待人员要提前了解客人的生活习惯，安排食宿要尽力而为，不铺张浪费。

5. 接待者的着装

接待人员应注意自己的着装，要体现出接待人员的良好素质。

（1）男士着装礼仪：色彩方面遵循“三色”原则；着西装时，遵循西装礼仪的所有规范；着中山装时，要把上衣领口之处的风纪扣及其他衣扣扣严；同时，注意服装的清洁、整齐和挺括，不可有褶皱。

（2）女士着装礼仪：对于女性接待人员而言，服装必须合身，整体利落大方。另外，旗袍开衩不宜过高，裙装不宜过短。

6. 欢迎词

欢迎词是迎接客人时使用的问候语言，一般情况下不需做书面准备，见到客人时一般要说“欢迎您的到来”“欢迎您指导工作”“欢迎光临”等。

（二）陪车礼仪

主人陪同客人乘坐同一辆轿车时，主人应为同车的第一主宾打开轿车的右侧后门，并用手挡住车门上沿，防止客人碰到头。客人坐好后再关门，注意不要夹住客人的手或衣服。最后从车尾绕到左侧为另外的客人开门或自己上车。与长辈、女士一同乘车时，应请长辈、女士先上车，并为对方开、关车门。抵达目的地时，主人应先下车，然后为客人打开车门，请客人下车。

乘坐旅游车或面包车等交通工具时，应请尊者、宾客先上车。下车时，主人应先下车，然后请尊者、宾客下车。

轿车的上座一般有三个。第一个上座，称为“社交场合的上座”，即当主人开车时，上座为副驾驶座。这个位置方便客人与主人交谈。如果这时客人坐在后排，就有把主人当成客人司机的嫌疑。

第二个上座称为“公务接待上座”，即当开车的人是专职司机时，上座是后排右座。这跟我国道路行驶规则有关，因为后排较前排更舒服，右边比左边上下车更方便。司机到酒店停车时，后排右座应正对着门。这种情况下，副驾驶是“随员座”，所以酒店的门童会首先为后排右座的乘客开门。

第三个上座称为“VIP上座”，即司机后面的座位。高级将领、高级领导等，一般不管方向盘的位置在左还是右，都喜欢坐在司机后面那个最安全的位置。

下面以图例的形式对乘车座次礼仪进行介绍（如图9–1至图9–2所示），图例中包含主人驾驶及专职司机驾驶两种情况。座位标注的阿拉伯数字顺序，即客人的座次顺序。

（1）双排五人座轿车。

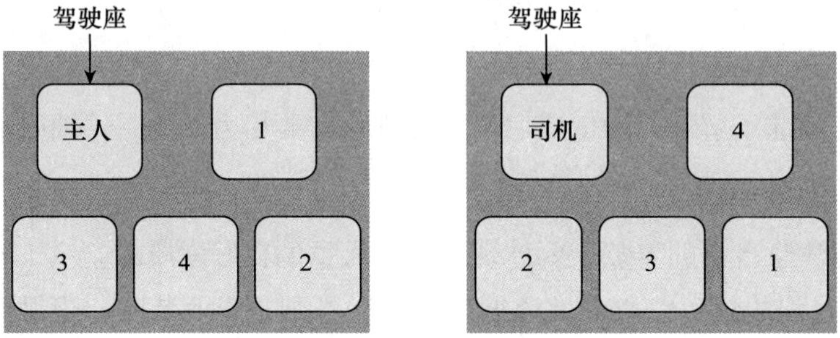

图9–1　双排五人座轿车座次图

（2）三排七人座轿车（中排为折叠座）。

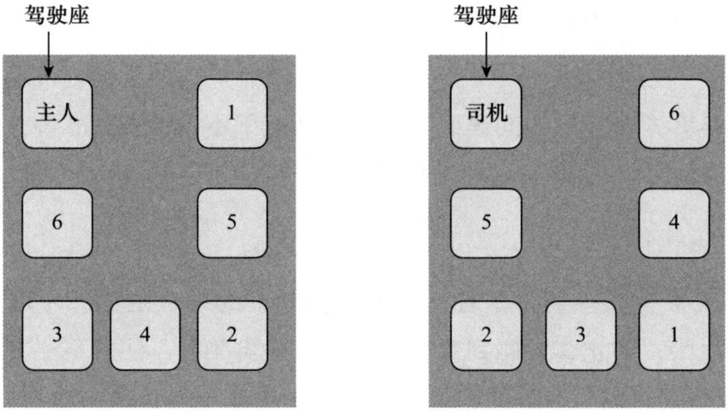

图9–2　三排七人座轿车座次图

七、家庭接待礼仪

（一）恭迎

主人应与要来访的客人事先约好时间并在家等候。当客人敲门或按门铃时要尽快开门。见到客人要热情迎接、问候、寒暄，并请客人入内，要帮助客人接挂外衣、帽子，并将客人随身携带的物品放在合适的地方，同时要表示对客人的欢迎。

（二）介绍

如果与客人是第一次见面，见面时双方都应主动作自我介绍。说明身份后，将客人引入室内并向家人一一介绍，同时将家人介绍给客人。如果与客人不是初次见面，但客人是第一次来家里做客时，也需将客人与家人相互介绍。

（三）待客

1. 请坐

应先请客人落座，主人再落座；主人可为客人送上饮品或点心。

2. 敬茶

请客人入座后要给客人沏茶、敬茶。如果客人不止一位，第一杯茶应给职务高者或年长者。

3. 交谈

如果谈话的内容与家人没有关系，则家人可回避。与客人交谈时态度要友好、热情，不能对客人爱搭不理，不能边谈话边干别的事。冷落客人是很失礼的行为，即使是很不受欢迎的客人，也不能做一些带有明显“驱赶性”的动作。

（四）送客

客人告辞时，应以礼相送。客人表达告辞的意思后，主人不能先于客人起身，不能走在客人前面为客人开门。客人临别时家中成员都应起身相送或握手告别，并欢迎客人下次再来。对于年长的客人、稀客等，主人应将其送到电梯口、楼下或大门口，然后再握手道别，目送客人离去，待客人身影完全消失后方可返回。

课堂训练

分组进行情景模拟：前去拜访多年未见的小学老师。

课后思考

简要叙述拜访与接待礼仪中的注意事项。

第十章　大学生家庭礼仪

第一节 家庭成员间的礼仪

教学目标及要求

了解家庭礼仪的主要内容，强化大学生在家庭中孝敬父母、爱护兄弟姐妹的意识。

教学重难点

掌握子女敬重父母的礼仪规范。

教学方法

讲授法、案例法、情景模拟法。

知识链接

家庭是社会的重要组成部分，在大力构建社会主义和谐社会的今天，家庭和谐至关重要。“和”是相互谦恭有礼，也是处理家庭礼仪的关键。在家庭中提倡讲究文明礼貌对整个社会形成良好的风气有着积极的推动作用。

一、家庭的含义

家庭是指以婚姻关系、血缘关系或收养关系为基础产生的社会生活单位，成员包括父母、子女和其他共同生活的亲属。

二、家庭礼仪的含义

家庭礼仪是指人们在长期的家庭生活中，用来沟通思想、交流信息、联络感情而约定俗成的行为准则、礼节、仪式的总称，是整个社会礼仪的基本元素。

家庭礼仪在现代社会生活中发挥着重要的作用，是维持家庭和谐和实现家庭成员幸福的基础。家庭礼仪有助于家庭成员之间形成和谐的关系，也有助于维持社会的安定，促进国家的发展。

三、家庭礼仪的主要内容

家庭礼仪主要包含以下几个方面的内容。

（一）家庭成员间的称呼礼仪

亲属是指与自己有血缘关系或婚姻关系的家庭成员。在日常生活中要按约定俗成的辈分来称呼亲属，有时为了表示亲切也会用人们已经习惯的称呼，虽然这样的称呼不是非常规范，但也是合乎礼仪的，如儿媳对公公、婆婆，女婿对岳父、岳母，都可称呼“爸爸”“妈妈”，这样称呼会使被称呼的人感到亲切、得体。

敬称是尊人，谦称是抑己，这两种行为都是为了表达对他人的尊重。有时为了表达尊敬之意，在称呼亲属时也可采用敬称或谦称。

称自己时，可用“鄙人”“在下”“愚”等。称自己的亲属时，对辈分、年龄高于自己的亲属可在其称呼前加“家”字，如“家父”；对同辈，则可冠以“愚”字，如“愚兄”；对辈分、年龄低于自己的亲属，则可在其称呼前加“舍”字，如“舍弟”；在他人面前称呼自己的子女时，可在其称呼前加“小”字，如“小女”。

称呼他人的长辈时应在其称呼前加“尊”字，如“尊母”；称呼他人的平辈或晚辈时，可在其称呼前加“贤”字，如“贤兄”。如果在称呼前加“令”字，一般可不分辈分与长幼，如“令尊”。

（二）子女敬重父母的礼仪

在日常生活中，子女要敬重父母，应遵守以下几点礼仪规范。

1. 孝敬父母

每个人都是在父母的照顾下长大的，每个人的成长都倾注了父母大量的心血。父母到了晚年，儿女不仅要在物质上赡养父母，还要在精神上给予父母慰藉。

（1）起床、出门、回家先问安。

每天起床后、出门前、回家时，都要向父母问候，告知去向，报声平安，让他们不必担心，这是最基本的孝礼。同样，当父母出门时，子女要体贴地与父母道别。

（2）教父母学习时要有耐心。

子女成年后，有些方面可能比父母懂得多，如在使用电子设备方面。因此，子女在教父母学习时不要烦躁，应该给予父母鼓励，并耐心指导。

（3）重视节日，多与父母团聚。

为人子女要多关心父母的冷暖。子女平时应多与父母联络，向父母请教，重视节日，多与父母团聚，这种信任感会让父母觉得很幸福。

（4）细微之处体现孝敬。

父母健康是做子女最大的幸福。子女可定期带父母检查身体，做到有病早治。

2. 关心父母

父母养育子女不是为了让子女将来报答自己，但是父母也需要关心，尤其需要子女的关心。

子女要关心体贴父母，尤其要留心父母的健康状况。对身患疾病的父母，要悉心照料他们的饮食起居，经常嘘寒问暖，给予他们更多的关心。成年的子女，除了完成自己的学习工作外，还要主动承担起家庭的重担，为父母分忧，尽量减轻父母的负担，让辛苦了大半辈子的父母享受一下清闲。

3. 体谅父母

父母为了事业、家庭、子女而辛勤地工作，随着年龄的增长，他们的身体会逐渐衰老。作为晚辈，子女要充分理解和体谅父母，要多关心父母的内心世界，设法让父母快乐、顺心地生活。

另外，子女最好不要干涉父母的私事。父母有自己的社会交往和人际关系，更有自己的思想感情。子女应为父母的幸福着想，应多支持、理解他们。

（三）兄弟姐妹之间相处的礼仪

兄弟姐妹之间要相互谦让，彼此爱护，长爱幼，幼尊长，共同营造温馨祥和的家庭氛围。

兄弟姐妹之间若想和睦相处，就要努力做到以下两点：

（1）在家里，为兄、为姐者应时时以身作则，努力成为父母的得力助手，多干家务活儿；遇事要宽宏大量，不与弟弟、妹妹斤斤计较；当弟弟、妹妹求教或请求帮助时，应耐心帮助、解答，切忌不耐烦或不屑帮忙。

（2）为弟、为妹者要尊重哥哥、姐姐。不能存有“我比你小，你就应该让着我”的优越感，更不能蛮横无理、为所欲为、不为他人着想；与哥哥、姐姐发生争执时，要理智处理，妥善解决，不要到父母面前去“告状”“打小报告”，以免加深兄弟姐妹间的隔阂。

（四）邻里之间相处的礼仪

俗话说：“远亲不如近邻。”要想搞好邻里关系，主要应注意以下几点。

1. 规范个人行为

要自觉爱护社区的公共卫生，为维护好的生活环境尽一份力。借邻居的东西一定要及时归还，如果因一时疏忽而延误了归还时间，应当面表达歉意。

要考虑自己的兴趣爱好、生活习惯会不会给邻居带来不便或打扰，此外，还要学会礼让与宽容。

2. 不占用公共场所

不要占用公共场所，如遇到特殊情况确需临时占用公共场所（如需占用楼道空间放置物品），须先和相关楼层的邻居做好沟通。

3. 养宠物不能影响邻居

现在很多家庭都喜欢养宠物，但是养宠物也应该注意不能影响邻居。

（1）宠物主人应当看管好自己的宠物，要妥善并及时清理宠物的排泄物，尽量减少对周围邻居的影响。

（2）对于有攻击倾向的宠物和大型宠物，最好用结实的链子拴住，外出时最好牵牢，以防宠物伤人。

4. 邻里串门要讲究

如果应邀去邻居家串门，要选择好适当的时间。进门前要按门铃或轻轻叩门。如果带小孩到邻居家做客，一定要看管好小孩，不要让小孩在邻居家里调皮、乱动东西。

（五）亲戚相处的礼仪

1. 不给亲戚添麻烦

现在很多人在办事时喜欢“拉关系”“走后门”，其中利用亲戚关系“走后门”是一种常见形式。当亲戚之间的交往发展到这种地步时，就已经受到了社会歪风的“污染”，必须及时“刹车”，使亲戚间的交往回归到正常的轨道上来，否则亲戚各方都会因此受到伤害。

2. 不以贫富贵贱认亲戚

在亲戚交往中，有的人对富有、权力大、社会地位高的亲戚常献殷勤，而对家境清贫、无权、社会地位低的亲戚十分冷漠，甚至极少主动来往。这是落后的等级观念在人们头脑中的折射。作为当代大学生，应摒弃此种不良观念，做到在富贵的亲戚面前自尊自重，在经济困难的亲戚面前热情正直。

课后思考

1. 大学生平时应该如何与父母沟通？
2. 结合具体事例谈谈大学生应该如何孝敬父母？
3. 大学生应如何与兄弟姐妹相处？

第二节　家庭接待礼仪与大学生家教礼仪

教学目标及要求

了解家庭接待与家教方面的礼仪知识。

教学重难点

掌握家庭接待礼仪，培养大学生讲究家庭美德的能力；掌握家教方面的礼仪规范。

教学方法

讲授法、案例分析法、情景模拟法。

一、家庭接待礼仪

有客人到家中拜访，应有礼貌地接待客人，给客人留下美好的印象。

（一）接待前的准备

1. 家庭环境的布置

家庭环境的布置要注意实用性、舒适性和观赏性。在客人到来之前应将居室收拾干净整洁，一般可在客厅放置花卉，这样可使室内的空气保持清新。

2. 主人的服饰

主人宜穿显亲切、随和并具有一定档次的休闲装。

3. 其他准备工作

主人应提前准备好水果、零食、餐具、娱乐用具等；若留客人吃饭，要事先准备好丰盛、可口的酒菜；若有小朋友同来，要准备一些玩具和小画册。

（二）迎客礼仪

主人应按事先约定的时间，提前站在门口迎接，和所有来客一一打招呼，主动接过客人的衣帽。客人到来后，应做好介绍，如果来的客人比较多，应按照介绍的礼节，依次序进行介绍。若家里还有其他人，要对家里的其他人进行简单的介绍。最后，要热情地招呼客人入座。

（三）待客礼仪

（1）在家庭接待的过程中，一般应将上座让给客人坐。居室中的上座一般是较舒适、较高、靠右边、面对正门的座位。客人一旦落座，就不要再劝其换座。来客若是师长、领导，应注意相关礼节；来客若是亲朋挚友，在遵守基本待客礼仪的基础上随便一些反而显得比较亲密。

（2）客人落座后应敬茶，可事先询问客人的喜好是茶、咖啡，还是其他饮料。如有点心招待，应先将点心端出，然后再奉茶。为客人倒茶水时要注意茶仅倒七分满，同时水温不宜太烫。将茶递给客人时要面带微笑，眼睛注视对方，并说“请喝茶”。若要端上水果，如梨、苹果等，应先将皮削去再递给客人。西瓜、菠萝等应去皮、切块，用水果盘端送给客人。若当着客人的面削皮，刀口应朝内，并注意手不要碰到果肉。

（3）在接受客人带来的礼物时，眼睛应注视着对方，并用双手接过礼物，同时要表示感谢。中国人传统的习惯是接过礼物后不可立即打开包装，应等客人走后再打开。

（4）若在接待朋友过程中又有其他朋友来，则可将双方简单介绍一下同时接待。如果有事需要与其中一方单独交谈，可向另一方坦诚相告并让家中其他人对这一方进行接待，同时要为这一方客人安排一些消遣活动，尽量不让他们等待太久。若主人有急事要办，应向客人说明并表达歉意。

（5）在接待中要善于得体地与客人交谈。交谈时态度要诚恳，不要频频看表或摆出厌倦、不耐烦的样子。有客人在场夫妻双方意见不一致时，丈夫应尊重妻子的意见，子女不听话也要等客人走后再进行教育。总之，在客人来访的整个过程中要使客人感到主人家是一个和睦、温馨、文明、有修养的家庭。

（四）送客礼仪

当客人要走时，应婉言相留；当客人起身告辞时，主人和在场的人应起身道别；主人送客应送到门外或楼下，待客人伸出手来握别时，方可道别，切不可在送客时先起身或先伸手；若送客人到门外，应站在门口目视客人下楼，并在客人下楼梯拐弯时，挥手致意。回到居室后要轻声关门，不要马上关门、关灯，要待客人走远后再把门、灯关上。

二、大学生家教礼仪

大学生家教是指被个别家庭以特定的报酬聘请为私人教师的在校大学生。大学生通过各种渠道和方式做家教已成为普遍的社会现象。大学生在做家教时应注意以下礼仪。

（一）守时

大学生在校期间的主要任务是学习，因此，在应聘家教时就要说明自己的学习时间和必要的集体活动时间。一旦预约了家教时间，就应准时前往。如果临时有急事不能如约前往，一定要通知对方，并告知原因以取得谅解，同时还可在电话中预约好下一次的辅导时间。

（二）着装、举止规范有礼

在开展家教工作时，大学生的身份就是教师，穿着打扮应符合教师身份。大学生年轻，外表看起来缺少权威感，规范的着装有助于增强家长和学生对其的信任感。女生着装大方，施淡妆即可，切忌穿着暴露，浓妆艳抹；男生着装整洁即可，切忌穿拖鞋、背心或戴耳环等。

在与学生家长的交往中，要注意学生家长的生活习惯和生活礼仪，来时道声好，走时说再见。应注意使用礼貌用语，忌说粗话脏话。

（三）专注于辅导工作

大学生做家教，要把握好与学生、学生家长的亲密度，特别是女大学生辅导男学生，或男大学生辅导女学生。

在学生家里不要乱走动，主人没有邀请去的房间不要随便进入，用洗手间要事先说明，用自己的手机在学生家里打电话的时间也不应过长。在辅导功课时，切忌打探学生家长的情况，除了商定的家教报酬，不要轻易接受学生家长的馈赠。

（四）做好与学生及学生家长的沟通工作

学生是家教的主要服务对象，如果与学生的关系对立、僵化，则会严重影响教学工作的开展，影响教学质量。学生家长虽然不是家教服务的主要对象，但学生家长是雇主，因此，要多与学生家长进行沟通。因此，大学生在家教工作之外要做好这两方面的沟通工作。

（五）诚信执教

在家教工作中，有的大学生为了讨好学生，与学生串通一气，或弄虚作假、越俎代庖帮学生做作业欺骗家长，或在教学中没有尽力辅导学生，不诚信执教。这样既耽误了学生的学习，辜负了学生家长的期望，同时也是极端不负责任的表现。

课堂训练

1. 分组讨论，请有家教经验的同学向其他同学介绍从事家教工作的经验及教训。
2. 分组模拟家教工作情景，注意符合家教礼仪。

第十一章　大学生餐饮礼仪

第一节　茶礼仪与酒礼仪

教学要求与目标

初步了解茶、酒的种类，以及我国茶文化和酒文化的相关知识。

教学重难点

掌握有关茶和酒的礼仪规范。

教学方法

讲授法、举例法、讨论法。

知识链接

茶和酒在我国传统文化中占有重要的地位。在我国，饮茶非常普遍，酒类品种也繁多，名茶名酒享誉中外。

一、茶文化与茶礼仪

（一）茶文化

我国的茶文化源远流长，博大精深，它不但存在于物质文化层面，还存在于深厚的精神文明层面。唐代“茶圣”陆羽的《茶经》的问世吹响了中华茶文化的号角，从此茶的精神渗透到了宫廷和社会，深入中国的诗词、绘画、书法、宗教和医学等领域。

茶有健身、治疾之疗效，又富有欣赏情趣，可陶冶情操。以茶待客是中国人高雅的娱乐活动和社交活动，坐茶馆、举办茶话会则是中国社会性群体的茶艺活动。

1. 茶的种类

根据茶叶的色泽和加工方法一般可将茶分为红茶、绿茶、乌龙茶、花茶、白茶和紧压茶六大类。

（1）红茶。

红茶是经过完全发酵的茶，成品细致，冲泡后汤色红艳鲜亮，清澈见底，香味芬芳浓醇，品种以祁红、滇红、宜红质量为佳。

（2）绿茶。

绿茶是未经发酵的茶，采用高温杀青而保持原有的绿色，主要品种有龙井、碧螺春等。

（3）乌龙茶。

乌龙茶也称青茶，属半发酵茶。成品茶外形粗壮松散，呈紫褐色，兼有绿茶的鲜浓和红茶的甘醇，主要品种有武夷岩茶、安溪铁观音、台湾乌龙等。

（4）花茶。

花茶是将香花放在茶坯中制成的。花茶香气芬芳、滋味浓厚、汤色清澈，主要品种有茉莉花茶、桂花茶、玫瑰花茶、柚花茶等。

（5）白茶。

白茶为轻微发酵茶，其茸毛多，色白如银，冲泡后汤色浅黄、香气清新，主要品种有白毫银针、白牡丹、贡眉等。

（6）紧压茶。

紧压茶，是以黑毛茶、老青茶、做庄茶及其他适合制毛茶为原料，经过渥堆、蒸、压等典型工艺过程加工而成的砖形或其他形状的茶叶。紧压茶的多数品种比较粗老，干茶色泽黑褐，汤色澄黄或澄红。紧压茶在少数民族地区非常流行。

紧压茶防潮性能好，便于运输和储藏，茶味醇厚。

2. 茶的社会功能

唐代刘贞亮曾总结过“茶之十德”，即以茶散闷气、以茶驱腥气、以茶养生气、以茶除病气、以茶利礼仁、以茶表敬意、以茶尝滋味、以茶养身体、以茶可雅心、以茶可行道。除了增进人们身体健康、促进茶业经济发展、弘扬传统文化之外，茶还具有下列几个方面的社会功能。

（1）正礼仪。

西周时茶已成为各地方进贡天子的物品之一；唐代及以后茶成为朝廷祭天祀祖之物；宋代以后君王以茶宴群臣，并且有严格的等级规定，体现出上下级之间地位的不同。

（2）明序伦。

中国人重视血缘关系、家庭关系，主张尊老爱幼、长幼有序，这些在茶礼仪中都有充分的表现。

（3）遵风俗。

无论对于汉族还是少数民族，茶都具有纯洁、坚定不移（茶只能靠播种种子而生，不能移植，故又叫“不迁”）、多子多福（茶多籽）的意思。我国有些地区男方求婚要送“敲门茶”，订婚纳彩称“下茶礼”，结婚前一天要送“茶酒利市”，结婚有“定茶礼”，入洞房有“合茶礼”。湖南、江西等地民间有“喝茶定终身”之说。浙江湖州地区小孩满月剃头，用茶汤洗，叫“茶浴开石”，寓意早开智慧，长命富贵。

（4）广结交。

以茶会友是中国人常用的交际手段。古代人推崇茶的清净高洁，因此以茶交友被称为“君子之交”。唐代有“茶会”，五代有“茶社”，后人还有“会茶”“打茶围”等，人们以饮茶为契机，广泛交友。

（5）平和心情。

古人认为，茶有平和、浓于水而淡于酒的品格。一套茶具，盖、托、盏代表天、地、人“三才合一”。在分茶时，强调茶水均等，精华共享；在饮茶时，推崇静谧和谐，人与自然相通，从而获得精神上的升华。

（6）修身养性。

古人认为，茶可雅志、养廉。清茶一杯，不涉豪侈，利于养成节俭的品德；茶生于高山野林，吸清风，避秽化浊，清净无染，饮之可消解人的贪心欲念；茶历风霜，经严寒，受天地之露，蓄日月之精华，味苦而性寒，品之可使人志趣高雅，树立高尚情操。

（二）茶礼仪

1. 茶礼仪的重要性

茶礼仪，是指茶事活动中的礼仪、法则。在现代社会中，茶礼仪是茶文化的重要组成部分，它体现了文化价值观和礼仪道德。茶礼仪的重要性包括以下几个方面。

（1）尊重客人。

茶礼仪中的礼节，让客人感觉受到尊重和关注。使用传统的茶道器具，精心准备好茶水，才能让客人感受到主人的热情和尊重。

（2）传承文化。

茶礼仪是中华民族传统文化的重要组成部分，茶礼仪的传承和发展可以保护和发掘中国传统文化的价值。茶礼仪中不仅有茶，还有诗、书、画、乐等多种文化元素，是传承与弘扬中华民族传统文化的一种方式。

（3）促进交流。

茶礼仪的精髓在于以茶为媒介，让人心静、心态平和，增进人与人之间的交流和沟通。茶礼仪的场合通常以和为贵，主人和客人的互动是一种生动的互动。

（4）提高修养。

茶礼仪的操作要严谨，需要讲究每一个步骤和细节，一丝不苟，这种用心的态度往往能够提高人的修养和素质，尤其是在工作和生活中。总之，茶礼仪体现了中国文化的优美内涵，是中华民族传统文化的重要组成部分。茶礼仪不仅有利于陶冶人的情操，更重要的是其在人们的生活、工作和社交中都具有重要的实用价值。

2. 茶礼仪与茶文化

茶礼仪主要有鞠躬礼、伸掌礼、叩指礼、寓意礼等，这些礼仪与茶文化息息相关、相辅相成。

（1）鞠躬礼有站式、坐式和跪式三种。根据鞠躬的弯腰程度，鞠躬礼可分为真礼、行礼、草礼三种。真礼用于主客之间，行礼用于客人之间，草礼用于说话前后。

（2）伸掌礼表示“请”。伸手时要求手倾斜，略向内凹，手心有含着小气团的感觉，手腕含蓄有力，行礼之人同时欠身，点头微笑。

（3）叩指礼是从古时中国的叩头礼演化而来的，叩指即代表叩头。现代叩指礼为将手弯曲，用几个指头轻叩桌面，以示谢忱。

（4）寓意礼是寓意美好祝福的礼仪动作。最常见的寓意礼有以下几种。

① 凤凰三点头。用手提壶把，高冲、低斟反复三次，寓意向来宾鞠躬三次，以示欢迎。

② 双手回旋。在进行注水、斟茶、温杯、烫壶等动作时用双手回旋。若用右手则必须按逆时针方向，若用左手则必须按顺时针方向，类似于招呼手势，寓意“来、来、来”，以示欢迎。

③ 放置茶壶时壶嘴不能正对他人，壶嘴正对他人是请人赶快离开的意思，这种放置茶壶的方式十分不礼貌。

④ 斟茶只斟七分满即可，暗寓“七分茶三分情”。俗话说“茶满欺客”，茶七分满便于人们握杯啜饮。

二、酒文化与酒礼仪

酒是人类最古老的饮品之一，形态多种多样。酒文化与酒礼仪在传统的中国文化中以一种特殊的文化形式融入人们的精神生活之中，甚至渗透到了社会生活中的各个领域。

（一）酒的功能

酒是人类生活中的主要饮品之一。在我国，酒的品种繁多，名酒荟萃，享誉中外。酒在文学艺术创作、文化娱乐、饮食烹饪、养生保健等方面对中国人的生活起着重要的作用。

1. 医疗保健

很多中药需用酒泡制，有利于药中有效成分的提取。例如，红花酒有助于缓解血瘀性痛经症，橘子酒、桃仁酒可辅助治疗肾虚腰痛等。同时，酒能疏通经脉、行气活血、蠲痹散结、温阳祛寒，疏肝解郁、宣情畅意，适量饮酒能增加唾液和胃液的分泌，促进胃肠的消化和吸收。此外，适量饮酒还可促进血液循环、兴奋精神、强心提神、消除疲劳、促进睡眠。

2. 交际必备品

酒的最广泛的文化功能就是促进交际。无论在乔迁升职、婚嫁丧葬活动中，还是经济、外交、文化等重要活动中，酒都能起到调节情绪、营造气氛的作用，尤其是贺喜、欢度节日时，无酒就好像失去了热烈的气氛。

3. 发泄情绪

实验结果表明，人在心情不好的时候喝酒能够短时间“忘掉悲伤”。但应当注意，长时间饮酒反而会刺激大脑中业已存在的“不愉快记忆”，并使其持续更长时间，从而出现“借酒浇愁愁更愁”的现象。

4. 激发艺术创作

酒能激发人们的诗情画意，让人神经兴奋、思维活跃，甚至使人进入幻想的境界。古代文人中好酒的有很多，如“诗仙”李白等。

（二）酒的种类

按照制造工艺分类，酒可分为酿造酒、蒸馏酒、配制酒三类；按照商业习惯分类，酒可分为白酒、黄酒、葡萄酒、啤酒、果酒、露酒和药酒。这里介绍一下第一种分类。

1. 酿造酒

（1）啤酒。

啤酒是用麦芽、啤酒花、水和酵母发酵而成的饮品的总称。啤酒的种类有很多，如黑啤酒、干啤酒、淡啤酒等。

（2）葡萄酒。

葡萄酒是以新鲜的葡萄为原料酿制而成的酒。葡萄酒又分为红葡萄酒、白葡萄酒和桃红葡萄酒等几种。

（3）米酒。

米酒是以大米、糯米为原料，与酒曲混合发酵而成的酒。具有代表性的米酒为中国南方的黄酒和日本的清酒。

2. 蒸馏酒

中国的蒸馏酒即白酒，一般以小麦、高粱等为原料，经发酵、蒸馏、陈酿制造而成。中国白酒品种繁多，有多种分类方法：根据使用酒曲的种类，可分为大曲酒、小曲酒、麸曲酒、混曲法白酒等；根据酒的香型（主体香气成分的特征），可分为浓香型、酱香型、清香型、米香型等。

其他国家的蒸馏酒主要有以下三种。

（1）白兰地。

白兰地一般指以葡萄为原材料酿制的蒸馏酒。此外，也有以其他水果为原材料酿制的白兰地，如苹果白兰地、樱桃白兰地等。

（2）威士忌。

威士忌是指用预处理过的谷物制造而成的蒸馏酒。其陈酿过程需要在烤焦过的橡木桶中完成，以苏格兰、爱尔兰、加拿大和美国等地的威士忌最具知名度。

（3）伏特加。

伏特加不具有明显的特性、香气和味道，是用马铃薯、大麦、黑麦、小麦、玉米、甜菜、葡萄、甘蔗酿造而成。

3. 配制酒

配制酒是以酿造酒、蒸馏酒或食用酒精为酒基，加入各种天然或人造的原材料，经特定的工艺处理后形成的具有特殊色、香、味、型的调配酒。

（三）酒文化与酒礼仪

1. 酒文化

酒文化有广义和狭义之分。广义的酒文化蕴意丰富、自成体系，包括几千年来不断改进和提高的酿酒技术、工艺水平、酒俗酒礼、形形色色的饮酒器皿，以及文人墨客所创作的与酒相关的诗文词曲等。狭义的酒文化则指饮酒的礼节、风俗、逸闻、逸事等。

2. 酒礼仪

一般认为酒礼仪来源于酒文化，同时又严格约束着饮食活动。如果在一些重要的场合不遵守酒礼仪，就会造成场面尴尬；饮酒过量时，易产生混乱。明代的袁宏道从古代的书籍中采集了大量的资料，专门为饮酒行令者写了一篇《觞政》。

（1）斟酒。

通常，酒水应当在饮用前斟入酒杯。有时，主人为了表示对来宾的敬重、友好，会亲自为其斟酒。

在侍者斟酒时，勿忘向侍者道谢，但不必拿起酒杯。在主人亲自来斟酒时，则必须端起酒杯致谢，必要时，还需要起身站立或欠身点头为礼。有时亦可向其回敬以叩指礼。这种方法适用于中餐宴会上，以示对对方的谢意。

主人为来宾所斟的酒，应是本次宴会上最好的酒，且应当场启封。斟酒时要注意以下三点：

① 面面俱到：一视同仁，不能只为个别人斟酒。

② 注意顺序：依顺时针方向，从自己所坐之处开始，也可先为尊长、嘉宾斟酒。

③ 斟酒适量：白酒与啤酒一般八分满就可以，其他洋酒无此讲究。

除主人与侍者外，其他宾客一般不宜自行为他人斟酒。

（2）敬酒。

敬酒，亦称祝酒。在敬酒时，通常要讲一些祝愿、祝福类的话语。敬酒可以在饮酒的过程中随时进行。频频举杯祝酒，会使现场氛围热烈而欢快。不过，若是正式地致祝酒词，应在特定的时间进行，并且要以不影响来宾用餐为原则。不管是正式的祝酒词，还是普通的祝酒词，内容都应尽量简短，不要长篇大论。在他人敬酒或致祝酒词时，其他在场者应一律停止用餐或饮酒，坐在自己座位上，面向致词人认真倾听。

（3）干杯。

干杯通常是指在饮酒时，特别是在祝酒、敬酒时，以某种方式劝说他人饮酒，或是建议对方与自己同时饮酒。干杯时，往往要喝干杯中之酒，故称干杯。有的时候，干杯者之间还需要碰一下酒杯，故称为碰杯，碰杯的情况下可以不将杯中之酒喝完。

干杯需要有人率先提议。提议干杯者，可以是致祝酒词的主人、主宾，也可以是其他任何在场饮酒之人。提议干杯时，应起身站立，右手端起酒杯，或者用右手拿起酒杯再以左手托扶其杯底，面含笑意，目视他人，并口诵祝颂之词，如祝对方身体健康、生活幸福、节日快乐、工作顺利、事业成功以及双方合作成功等。

在主人或他人提议干杯后，在场者应当手持酒杯起身站立，即便是滴酒不沾，也要拿起水杯起身站立，浅尝一点。在干杯时，应手举酒杯至双眼高度，口道“干杯”之后，将酒一饮而尽，或饮适当的量；此外，还需手持酒杯与提议干杯者对视一下，这一过程才算结束。

在过去，中餐过程中喝白酒，干杯一般是一饮而尽，杯内不剩残酒，现在则不必非得如此。在西餐里，祝福、干杯一般只用香槟酒，绝不可以用啤酒或其他葡萄酒代替。饮香槟干杯时，以饮去杯中一半的酒为宜，但也不可逞强，量力而行即可。

在中餐里，还有一个讲究，即主人亲自向客人敬酒干杯后，客人应当再回敬主人，与主人再干一杯。回敬时，应右手持杯，左手托底，与对方一同将酒饮下。有时，在干杯时，可象征性地与对方碰一下酒杯。碰杯时，不要用力过猛，非听到响声不可。出于敬重之意，可使自己的酒杯低于对方的酒杯；与对方相距较远时，可以“过桥”之法作为变通，即以手中酒杯之底轻碰桌面，也等于与对方碰杯。

课后思考

1. 列表比较中国十大名茶的产地、类型和特征。

2. 中国饮食文化集中体现在“质、香、色、形、器、味、适、序、趣、境”上，举例说明中国茶文化、酒文化如何体现这十个字？

课后实践

走进茶艺馆，学泡中国茶。

第二节　中西餐饮礼仪

教学目的与要求

了解中西餐饮礼仪。

教学重难点

掌握中西餐饮礼仪的区别，学会基本的餐饮礼仪，并能在实践中践行餐饮礼仪。

教学方法

讲授法、任务实施法。

一、中餐礼仪

（一）桌次与座次的安排

举办正式宴会时，一般需要安排好桌次和座次，这样做一是表示重视，二是避免混乱，三是可以更好地达到宴请的目的。有时也可以只安排部分客人的座次，其他人只排桌次或自由入座。

1. 桌次安排

宴会桌次安排最为讲究。中餐宴会习惯使用圆桌，桌次安排可根据宴会厅的形状来确定。无论多少桌，其排列原则大致相同，即主桌排定后，其余桌次的高低以离主桌位置远近而定，远低近高；平行桌次，右高左低，要摆桌次牌。常见桌次安排方式如图11-1所示。

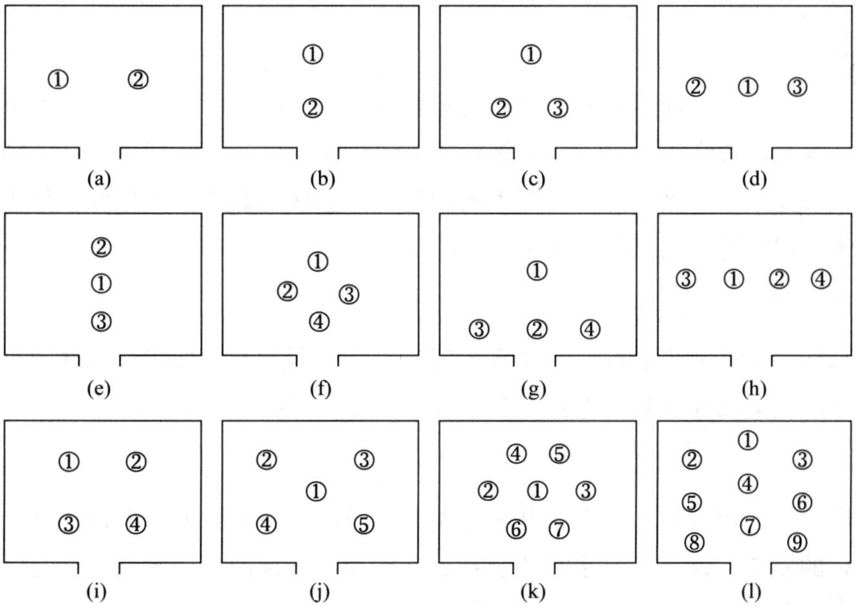

图11-1　常见桌次安排方式示意图

2. 座次安排

礼宾次序是排座次的主要依据。排位时，以主人为中心；如女主人参加宴会，则以主人和女主人为基准。按照国际惯例，主桌应位于厅堂正中或正对门口处，主人应就座于餐桌面门、正中的位置，其他客人的座次高低以离主人的座位远近而定。我国习惯按出席宴会人的职务排列，以便于谈话，通常把女方排在一起，即主宾坐男主人右上方，其夫人坐女主人右上方。两桌以上的宴会，其他各桌第一主人的位置可以与主桌主人位置同向，也可以以面对主桌的位置为主位。涉外宴请时，如有译员，一般安排在主宾右侧。常见座次安排方式如图11–2所示。

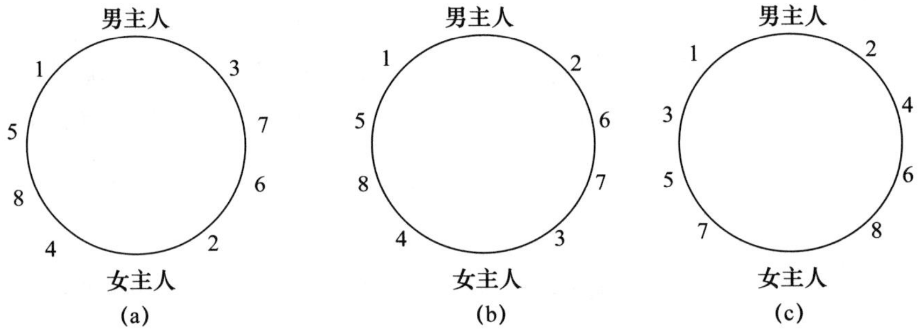

图11–2 常见座次安排方式示意图

（二）宴请的程序

1. 迎客

主人一般在大门口迎接客人。如果是重要的活动，则可以有少数主要人员陪同主人排列成行迎接客人。握手后，由工作人员将客人引进休息厅。如果无休息厅，则直接进入宴会厅，但不入座。主宾到达后，由主人陪同进入休息厅与其他客人见面。如果其他客人尚未到齐，则由迎宾组其他成员代表主人在门口迎接。

2. 入席

主人陪同主宾进入宴会厅，全体客人就座，宴会即开始。如果休息厅较小或宴会规模较大，则可请主桌以外的客人先到宴会厅入座，贵宾席最后入座。

3. 敬酒

入席后，主人招呼客人进餐，并率先给客人敬酒。敬酒时通常要讲一些祝愿、祝福之言。在正式的宴会上，主人与主宾还会郑重其事地发表祝酒词。敬酒往往是酒宴必不可少的一项程序。敬酒时应依座序逐一进行敬酒。

4. 散席

吃完水果后，主人与主宾起立，宴会即可结束。主宾告辞时，主人送主宾至门口，主宾离去后，原迎宾组成员按顺序排列并与其他客人握别。

（三）赴宴礼仪

1. 接受邀请

接到宴会邀请后，无论能否出席均应尽早给对方明确答复，以便主人稳妥安排。如果已答应出席但临时因故无法出席，须尽早对主人作出必要的解释，并深表歉意以取得主人的谅解。

2. 准时赴宴

一般按规定时间提前或延后不超过5分钟到达宴会地点。过早、过晚出席都会被视为失礼。

3. 仪表整洁

出席宴会要注意服装的整洁和个人的卫生。

4. 抵达致意

到达宴会地点后，应主动向主人或其他来宾问候、致意。随后跟随主人或迎宾人员的引领，步入休息厅或宴会厅。

5. 按位落座

若有桌次和座次安排，应按指定位置入座；若无座位卡，则听从主人的安排，不可随意乱坐。入座时，应从座椅的左侧入座。若同桌中有领导、长辈和女士，则应待其落座后自己再坐下。坐下后，注意坐姿端正，脚踏在本人座位下，不可任意伸直，不要紧靠在椅背上，也不要用手托腮或双臂放在桌上，更不能趴在桌上。

6. 席间交谈

席间应礼貌地与左邻右舍或熟人交流，切记不要一语不发。如互不相识，可以先进行自我介绍。席间交谈宜选择大家共同感兴趣的或比较轻松、愉快的话题。口中有食物时应避免说话。

7. 表现文明

用餐时的表现反映了一个人的修养水平。用餐时须温文尔雅，从容安静。不宜吃得响声大作；不宜乱吐废物，唾液飞溅；不宜张口剔牙；不宜宽衣解带，脱鞋脱袜；不宜挑三拣四，挑肥拣瘦；不宜替人布菜，热情过头；不宜以酒灌人，出人洋相。另外，应避免在餐桌上咳嗽、打喷嚏，如若不禁，应说声“对不起”，并以手或纸巾遮掩。

8. 祝酒碰杯

主人祝酒致辞时，应停止一切活动，认真聆听，不可做无关的小动作。主人前来碰杯或与其他人相互碰杯时，应目视对方，面带微笑，点头致意。人多时可同时举杯共祝，不必一一碰杯。

9. 礼貌告别

如果宴会没有结束，但自己已用好餐，不要随意离席，要等主人和主宾餐毕先起身离席，其他客人才能依次离席。宴会结束，赴宴者起身离席时，男宾应先起身，为年长者或女士移开座椅；主宾先向主人告辞，随后一般来宾向主人告辞；男宾先向男主人告辞，后向女主人告辞，女宾则相反。

10. 宴会后致谢

宴会结束后，应礼貌主动地向主人握手道谢。参加完正式宴会2~3天内，也可以书面形式向主人致谢。

（四）用筷礼仪

筷子是一种非常实用的饮食工具，在中国已经沿用了几千年，但仍有不少人不会使用筷子。筷子的正确使用方法如图11-3所示。

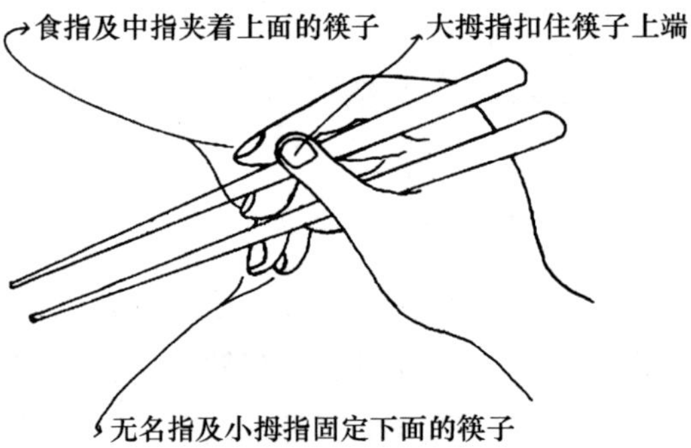

图11-3　筷子的正确使用方法

使用筷子时有一些禁忌：

（1）忌敲筷，即在等待就餐时，不能随意用筷子敲打餐盘（碗）。

（2）忌掷筷，即在餐前发放筷子时不可抛掷，正确的做法是将筷子理顺，轻轻地放在就餐人员面前的餐桌上。

（3）忌叉筷，即筷子不能一横一竖交叉摆放。

（4）忌插筷，即在用餐途中因故暂时离开时，不能将筷子插在饭碗里，应将筷子轻轻地放在桌子上或餐碟旁。

（5）忌和筷，即在夹菜时不能在菜盘里来回翻动。

（6）忌舞筷，即说话时不要把筷子当作道具在空中乱舞，请他人用菜时也不要将筷子戳到他人面前。

二、西餐礼仪

（1）就座时，身体要端正，手肘不要放在桌面上，不可跷足，躯干与餐桌的距离以便于用餐为最佳。坐定后，将餐巾对折轻轻放在膝上，且不要随意摆弄餐台上已摆好的餐具。

（2）使用刀叉进餐时，要从外侧往内侧取用刀叉，左手持叉，右手持刀；切东西时左手拿叉按住食物，右手执刀将其切成小块，然后用叉子将食物送入口中。进餐过程中放下刀叉时应摆成“八”字形，分别放在餐盘边上，刀刃朝向自身，表示还要继续吃。每吃完一道菜，将刀锋朝内，叉背朝下，刀叉并拢放在盘中。如果在进餐的同时需要交谈，可以拿着刀叉，无须放下。不用刀时，可用右手持叉，但需作手势时，就应放下刀叉，千万不可手执刀叉在空中挥舞摇晃，也不要一手拿刀或叉，另一只手拿餐巾擦嘴；不可一手拿酒杯，另一只手拿叉取菜。任何时候，都不可将刀叉的一端放在盘上，另一端放在桌上。

（3）喝汤时不要啜，吃东西时要闭嘴咀嚼。不要舔嘴唇或咂嘴发出声音。如汤菜过热，可待稍凉后再吃，不要用嘴吹。喝汤时，用汤匙从里向外舀，汤盘中的汤快喝完时，用左手将汤盘的外侧稍稍翘起，用汤匙舀净即可。吃完汤菜时，将汤匙留在汤盘（碗）中，汤匙手柄指向自己。

（4）吃鱼、肉等带刺或骨的菜肴时，不要直接将刺或骨外吐，可用餐巾捂住嘴轻轻吐在叉子上，然后放入盘内。如盘内剩余少量菜肴时，不要用叉子刮盘底，更不要用手指食用，应以小块面包或叉子相助食用。吃面条时要用叉子先将面条卷起，再送入口中。

（5）面包一般掰成小块后再送入口中，不要拿着整块面包去咬。在面包上涂抹黄油和果酱时也要先将面包掰成小块再抹。

（6）吃鸡腿时应先将骨去掉，不可用手拿着吃。进食鱼肉时不宜将鱼翻面，吃完上层后应用刀叉将鱼骨剔掉后再吃下层，吃肉时要切一块吃一块，不宜将鱼肉块切得过大或一次将鱼肉都切成块。

课后思考

1. 简述参加中式宴会时应注意哪些问题。
2. 简述参加西式宴会时应注意哪些问题。

连线题

中餐的桌次安排是很有讲究的，你是否掌握了其中的技巧？请完成下面的连线题。

1. 轴心形的五桌	a. 以左边中间为尊
2. 两圆桌并排	b. 左边是主桌
3. 一字形的四桌	c. 以中为尊，众星捧月
4. 鼎足形的三桌	d. 最上面是主桌

第十二章　大学生馈赠礼仪

第一节　馈赠礼仪概述

教学目的与要求

了解馈赠目的、馈赠时机，掌握礼品的选择方法和馈赠的相关礼仪。

教学重难点

学会恰当赠予他人礼物的方法及恰当拒绝他人礼物的方法，掌握正确的送花方式。

教学方法

讲述法、案例分析法、场景模拟法。

一、礼品与馈赠

在中国的汉字中，礼的本义是“敬神”，礼起源于远古时期的祭祀活动。在祭祀中，人们除了用规范的动作、虔诚的态度向神表示崇敬和敬畏外，还将自己最有价值、最能体现对神敬意的物品（如牛、羊等牲畜）奉献于神灵。从那时起，礼就以物的形式出现，即礼品。

“礼品”一词由两个字组成：“礼”是仪式、礼节以及忠、孝等道德理念，“品”是物质的东西。从词源上讲，礼品不仅仅是物质上的礼品，它还承载着一定的文化内涵。所以，“无礼之物”就只是物品而不是礼品。

馈赠是指人们在社交过程中通过赠予交往对象礼品来表达对对方的尊重、敬意、友谊、纪念、祝贺、感谢、慰问、哀悼等情感与意愿的一种交际行为。

馈赠是社会普遍存在的行为，它存在于人类社会的各个时期、各个地区。一件理想的礼品能够表达出馈赠者美好的祝愿，传递出特殊的信息。馈赠也是重要的社交手段。作为一种非语言的交际方式，馈赠以物的形式出现，以物表情，礼载于物，因此得体的馈赠能起到寄情言意、“无声胜有声”的作用。

二、馈赠的要素

馈赠要考虑六个要素：送给谁（WHO）、为什么送（WHY）、送什么（WHAT）、何时送（WHEN）、在什么场合送（WHERE）、如何送（HOW），即要考虑馈赠对象、馈赠目的、馈赠内容、馈赠时机、馈赠场合、馈赠方式六个要素，简称馈赠“五个W一个H”规则。

（一）馈赠对象

馈赠对象即馈赠客体，是赠物、礼品的接受者。馈赠时一般要考虑馈赠对象的性别、年龄、职位、身份、性格、喜好等因素。

（二）馈赠目的

馈赠目的即馈赠动机。任何馈赠都是有目的的，或为表达情谊，或为祝颂庆贺，或为酬宾谢客，或为慰问哀悼。馈赠者的馈赠动机应高尚，以表达情谊为宜。

（三）馈赠内容

馈赠内容即礼品，是情感的象征和媒介。馈赠时，应充分考虑礼品的种类、价值、档次、包装、代表含义等。礼品一般可以分为以下几种类型。

1. 实用型礼品

实用型礼品主要有笔、本、领带、钱包、香水、打火机、各类球拍等。

2. 摆设型礼品

摆设型礼品主要有台历、生肖吉祥物、水晶摆件等。

3. 代币型礼品

代币型礼品主要有交通卡、手机充值卡、各类超市购物券等。

4. 奢侈型礼品

奢侈型礼品主要有手表、昂贵的饰物等。

（四）馈赠时机

馈赠时机即馈赠的具体时间和情形，主要根据馈赠主客体的关系和馈赠方式来把握。馈赠的时机不对，可能会给人留下不好的印象，甚至破坏了人际关系。

因此，馈赠礼品应该选择恰当的时机。在馈赠时机的选择上应注意以下四点。

1. 选择恰当的时机

亲友结婚、生子，朋友乔迁、晋升、刚帮助过自己等，都是馈赠的恰当时机。

2. 选择具体时间

一般来说，客人应在见面之初向主人送上礼品；主人应在客人离去之时把要赠送的礼品送给客人。另外，馈赠的时间还应是对方方便的时间，条件允许的话还可选取某个特定的时间给予对方惊喜。

3. 控制馈赠时长

馈赠时长应以简短为宜，只要向对方说明馈赠的意图及礼品的相关内容即可，不必过分渲染。

4. 注意时间忌讳

馈赠礼品尽量不要选择对方不方便的时候。

（五）馈赠场合

馈赠场合即馈赠的具体地点和环境，主要分为公务场合与私人场合。在公务交往中，一般选择工作场所或交往地点作为馈赠礼品的场所；在私人交往中，宜于私下赠送，馈赠对象的家中通常是比较适宜的场所。应根据馈赠的内容和方式来选择适当的场合。

（六）馈赠方式

馈赠方式主要有亲自赠送、托人转赠、邮寄运送等几种。一般应根据礼品类型、与馈赠对象的距离等因素来确定馈赠方式。

三、馈赠礼仪

（一）礼品的选择

1. 根据馈赠目的选择礼品

馈赠包含向他人表示友好、尊重与亲切之意。只有本着这一目的，才能正确地选择适当的礼品，才能准确地表达自己的情意。如公司庆典一般会送上一篮鲜花，慰问病人可以送鲜花、营养品、书刊等，朋友生日可以送卡片、蛋糕等，庆祝节日可以送健康食品、当地特产，旅游归来可以送旅游地的人文景观纪念品及土特产，走亲访友可以送精致水果、糖酒食品等。

2. 根据馈赠对象选择礼品

（1）考虑彼此的关系现状。

在选择礼品时，必须考虑自己与馈赠对象之间的关系现状，不同的关系应当选择不同的礼品。应根据与馈赠对象的亲缘关系、地缘关系、业缘关系、友谊关系、文化习惯关系、偶发性关系等，选择恰当的礼品。

例如，玫瑰是爱情的象征，是男士送给女友或夫人的佳礼，若把它随便送给一位普通关系的异性朋友，就可能引起误会。

（2）了解馈赠对象的爱好和需求。

根据馈赠对象的爱好和实际需求来选择礼品，往往可以在增加礼品实用性的同时，增强馈赠对象对馈赠者的好感和信任。因为在馈赠对象看来，只有了解、关心他的人，才会明白他的需求。

（3）选择礼品的禁忌。

在选择礼品的过程中，应细致了解馈赠对象的个人禁忌，以免所选礼品不合适，使馈赠对象心情不悦。一般而言，选择礼品的禁忌有以下几类：

① 个人禁忌，例如，送情侣表给一位刚刚分手的朋友，送烟给一位从不吸烟的长辈，都会触犯对方的个人禁忌。

② 物品禁忌，例如，对健康存在隐患的物品，广告性、宣传性的物品，涉及国家机密和商业机密的物品，以及超过保质期的营养品、食品、化妆品等都禁止赠送给他人。

③ 民俗禁忌，例如，俄罗斯人忌讳送现金，因为这意味着施舍和侮辱；中国人忌送钟、伞，因为这在中国传统文化中意味着不吉利。

④ 社会伦理禁忌，例如，各国均规定不得将现金和有价证券送给公务人员。此外，女性将领带和腰带送给一般关系的男性或男性将项链、戒指送给一般关系的女性都不适合。

除此之外，选择的礼物还应符合相关政策法规和习俗惯例，不要触及或违反馈赠对象的宗教信仰。

（二）礼品的包装

正式的礼品都应有良好的包装。良好的包装可使礼品显得更加精致、郑重、典雅，从而给馈赠对象留下美好的印象。在馈赠礼品给外国友人时，应当特别注意这一点。

选择礼品包装时应注意包装的材料、图案造型、商标、文字和色彩等。

（三）赠送的方法

1. 说明意图

应在适当的时机和适当的场合馈赠礼品。馈赠礼品前，应先向对方致以问候，简要说明馈赠的意图，例如，说声“祝您工作顺利”“真心感谢您上次的帮助”等。

2. 介绍礼品

馈赠礼品时，馈赠者应对礼品的寓意、礼品的使用方法、礼品的特色等进行适当的解释说明。邮寄赠送或托人转赠时，应附上一份礼笺，用规范、礼貌的语句解释馈赠缘由并介绍礼品；当面赠馈礼品时，应亲自道明馈赠的原因和礼品的寓意，并附带说一些表示尊重、礼貌的吉言、敬语。

3. 仪态大方

当面馈赠礼品时，馈赠者应着装规范，起身站立，面带微笑，目视对方，双手递交。将礼品交与对方后，应与对方热情地握手。

四、拒收礼品的礼仪

（一）应拒收的礼品

（1）过于昂贵的礼品。

（2）隐含违法乱纪行为的礼品。

在拒收礼品时，应保持礼貌、从容、自然、友好，先向对方表达感谢之情，再向对方详细说明拒收的原因。

（二）拒绝有方

拒收礼物一般有以下三种方法。

（1）婉言相告法。

用委婉的、不失礼貌的语言向对方暗示自己难以接受对方的好意。如对方送电影票邀请你看电影，可说："我男朋友也请我看电影，我们有约在先了。"

（2）直言缘由法。

直截了当地向对方说明拒收的理由，这种方法在公务场合比较适用。比如，拒绝别人所赠的大量现金，可说："我们有规定，接受现金按受贿处理。"在拒收贵重礼品时，可说："按照有关规定，你送我的这件东西必须登记上交。"

（3）事后退还法。

在大庭广众之下拒绝他人赠予的礼品会使他人尴尬或难堪，但若自己确实不宜接受该礼品，可暂时收下，事后退还。这种情况下，不要拆开礼品的包装，并做到尽快退还，一般在24小时之内退还为宜，不应拖得太久。

课后思考

1. 结合具体案例说明馈赠的礼仪规范。

2. 分析古诗文

赠范晔诗

陆凯（南北朝）

折花逢驿使，寄与陇头人。

江南无所有，聊赠一枝春。

注：陇头，即陇山，陇山在今陕西省陇县。陇头人，即陇山人，也即北方的朋友，指范晔。

情景模拟

每六人一组，尝试演练以下情景所涉及的活动及馈赠礼仪规范。

1. 好友过生日。
2. 家中亲友公司开业。

第二节　送花礼仪

教学目标及要求

了解各种花的花语。

教学重难点

掌握中国传统花卉的寓意，以及不同场合适合送的花的品种。

教学方法

讲授法、情景模拟法。

知识链接

五颜六色、香气四溢的鲜花，是大自然美的化身。鲜花不仅可以让人们赏心悦目、心旷神怡，还可以作为人们联络感情、交流思想的使者。

赠花是一门浪漫的艺术。以花为礼，可以维系情感，增进友谊，表达微妙的感情和心愿，也可以营造一种特殊（如温馨）的意境与氛围。

一、花语

不同的花卉有不同的寓意。所以，当人们以花为媒来传递情感、抒发胸臆时，先要了解花的寓意。

鲜花的寓意也被称为花语。根据礼仪规范，花语一旦形成并被众人接受后，大家应了解并遵守，不宜随便修改花语、自造花语。对于一些常用的花语，大学生应该有所了解。

（一）中国十大名花花语

中国十大名花有花中之魁——梅花、花中之王——牡丹花、凌霜绽妍——菊花、水中芙蓉——荷花、花中皇后——月季花、繁花似锦——杜鹃花、花中娇客——茶花、君子之花——兰花、十里飘香——桂花、凌波仙子——水仙花。其中，梅花被誉为“中国十大名花之首”。

1. 梅花

梅花又名一枝春、木母、花魁、状元花、清客、寄春君、暗香疏影、九嶷仙人（绿萼梅的别名）、九英梅、久客等。梅花以其开于百花之首，故称“花魁”。宋朝卢炳《汉宫春·向暖南枝》云:“向暖南枝，最是他潇洒，先带春回。因何事、向岁晚，搀占花魁。”其花语为坚强、忠贞、高雅。

2. 牡丹

牡丹又名富贵花、洛阳花、白术。牡丹花雍容华贵、富丽堂皇，素有“国色天香”“花中之王”的美称。清代末年时，牡丹就被当作中国的国花。王国维《题御笔牡丹》云：“摩罗西域竟时妆，东海樱花侈国香。阅尽大千春世界，牡丹终古是花王。”牡丹是美的化身，寓意富贵吉祥，象征纯洁与爱情，其花语为圆满、浓情、富贵。牡丹适用于布置花坛花带、盆栽观赏等。

3. 菊花

菊花又名寿客、黄花、金蕊、帝女花、更生。中国人极爱菊花，从宋朝起民间就有一年一度的菊花盛会。神话传说中菊花又被赋予了吉祥、长寿的含义。其花语为清净、高洁、真情。

4. 荷花

荷花又名莲花、水芙蓉，是中国著名的传统水生花卉。荷花花叶清秀，端庄美丽，花香四溢，沁人心脾，迎骄阳而不惧，出尘离染，寓意清新脱俗，象征清白纯洁，是古代文人墨客散墨之花。《说文解字》云：“未发为菡萏，已发为芙蓉。”李时珍也说，芙蓉之名有“敷布容艳之意”。三国时期的文学家曹植在他的《芙蓉赋》中称赞“览百卉之英茂，无斯华之独灵”。所以，荷花在中国人心目中是真、善、美的化身，是吉祥的预兆，是佛教中神圣净洁的名物，也是友谊的种子。 荷花的花语为清白、纯洁、忠贞、信仰和爱情。

5. 月季花

月季花又名月月红、长春花、四季、斗雪红。月季花不仅是中国传统名花，同时还是世界著名花卉。月季花姿容优美，象征长期奉献，被誉为“花中皇后”。月季花的花语为等待希望、幸福、光荣。

6. 杜鹃花

杜鹃花又名映山红、山石榴、红踯躅等，属常绿或半常绿灌木，花朵密集，花色丰富，是世界著名观赏花卉。杜鹃花的花语为永远属于你、爱的欣喜、节制。

7. 茶花

茶花又名曼陀罗、耐冬、晚山茶，四季常青。茶花在冬春之际开红、粉、白花，花朵宛如牡丹，花姿丰盈，端庄高雅，是中国十大名花之一，也是世界名花之一。苏轼诗

《邵伯梵行寺山茶》云："山茶相对阿谁栽，细雨无人我独来。说似与君君不会，灿红如火雪中开。"郭沫若在《黑龙潭咏山茶诗》中盛赞曰："茶花一树早桃红，百朵彤云啸傲中。"茶花的花语为可爱、谦逊、谨慎、美德、理想的爱、了不起的魅力。

8. 兰花

古人对兰花情有独钟，兰花在古代称为"蕙"，兰花的花蕊称为"蕙心"。兰花常与白芷合名为"蕙芷"，蕙芷被称为"王者之香""众领群芳""天下第一香"等。兰花又名王者香、国香、幽客、媚世、香祖，其花语为美好、高洁、贤德。

9. 桂花

桂花为木樨科常绿小乔木，南方地区多用于庭院绿化，北方则用于室内盆栽。桂花一般在国庆节前后开花，是吉祥如意、秋月的象征。自古以来，桂花就受人喜爱，《吕氏春秋》中盛赞："物之美者，招摇之桂。"桂花的花语为永伴佳人、香满天下、誉满天下、富贵美好、高洁风雅、吉祥如意。

10. 水仙花

水仙花又名天葱、雅蒜、姚女花、女史花、凌波仙子、俪兰、女星，是中国的传统名花。水仙花鳞茎大、形态美、花朵多、馥郁芳香，深受国人喜爱，同时畅销国际市场。其花语为敬意 、纯洁、吉祥、孤独。

（二）世界其他花卉花语

1. 玫瑰

玫瑰是深受大家喜爱的花卉之一，每逢西方情人节或中国的七夕情人节之时，便是玫瑰的消费旺季。玫瑰平时可用于送礼、装饰办公室、布置家居、花艺设计或布置会场，不同颜色的玫瑰也有着不同的花语。红玫瑰的花语为热恋、热情、热爱着你，粉玫瑰的花语为初恋、求爱、爱心与特别的关怀，黄玫瑰的花语则是高贵、美丽或抱歉，橙玫瑰的花语为富有青春气息、初恋的心情，白玫瑰的花语为天真、纯洁，绿玫瑰的花语为纯真简朴、青春长驻。

2. 康乃馨

红色康乃馨的花语为祝母亲健康长寿，粉色康乃馨的花语为祝母亲永远年轻、美丽，黄色康乃馨的花语为长久的友谊，白色康乃馨的花语为纯洁的友谊。

3. 向日葵

向日葵的花语为爱慕、光辉、忠诚。

4. 樱花

樱花的花语为生命、热烈、纯洁、高尚。

5. 风信子

粉色风信子的花语为倾慕、浪漫，紫色风信子的花语为忧郁，黄色风信子的花语为与你相伴很幸福，红色风信子的花语为让我感动，白色风信子的花语为不敢表白。

6. 勿忘我

勿忘我的花语为永恒的爱、浓情厚谊。

7. 百合

百合的花语为万事顺意、百年好合。

8. 郁金香

郁金香的花语为爱的表白、永恒的祝福。

9. 花烛

花烛的花语为大展宏图、鸿运当头、心心相印。

10. 满天星

满天星的花语为思恋、纯情、梦境。

11. 剑兰

剑兰的花语为幽会、步步高升。

（三）国花

国花是指代表国家文化与形象的花卉。一些国家是通过议会立法的形式决定国花，一些国家则是依据本国文化传统和多数国人的意愿协商选定国花。

多数情况下，一个国家只有一种国花。各国的国花都是本国人民最喜爱的花卉。国花通常代表国家形象，人人都应该尊重它、爱护它，不宜滥用国花，也不应失敬于国花。

世界上一些国家的国花：

中国——牡丹

美国——玫瑰

法国——鸢尾花

意大利——雏菊

德国——矢车菊

波兰——三色堇

西班牙——石榴花

朝鲜——金达莱

丹麦——冬青

瑞士——火绒草

新加坡——万代兰

印度——荷花

澳大利亚——金合欢

日本——樱花

阿根廷——赛波花

韩国——木槿花

坦桑尼亚——丁香

埃及、印度、斯里兰卡——莲花

智利——百合

荷兰——郁金香

（四）市花

像国花一样，世界上许多城市也拥有市花。市花既体现了城市市民对美的独特追求，也体现了城市独特的历史文化内涵，如北京市的月季和菊花，上海市的白玉兰，天津市的月季，重庆市的山茶花，开封市的菊花，洛阳市的牡丹，郑州市的月季等。对于城市市民来说，要尊重市花，不可轻视或毁坏市花。

市花一般具有如下特点。

（1）市花是全市人民最喜爱的花。

（2）市花在本市易于生长，并且兼具城市特色。

（3）市花由全市人民公开选定。

（4）作为城市的标志，市花在美化城市和城市与城市之间的交往中起着重要作用。

二、礼仪插花的种类及应用场合

用于各种庆典仪式、迎来送往、探亲访友、婚丧嫁娶等社交活动中的插花叫作礼仪插花。礼仪插花可分为花束、花插、花篮、装饰花及礼品盆花等。

（一）花束

花束包括普通花束和新娘捧花。花束是以各类包装纸、丝带等为配材，对组合好的鲜花进行各种不同风格包装的礼仪插花，其大小单手可握，双手可捧。可用于迎送客人、访友、献花、婚礼等场合。

（二）花插

花插是使用盘、瓶、盆等容器将花材固定在花泥等固定物上，形成的不同风格的礼仪插花。花插可用于办公室、餐厅、接待处、饭店前台、会议室等场合。

（三）花篮

花篮需使用到各式篮子，在篮子内放入花泥，并将鲜花插于花泥上，由此可创作出不同风格的礼仪插花。花篮可用于馈赠礼品、舞台摆放、厅堂装饰、庆典开幕以及追悼会等场合。花篮可分为礼品花篮、庆典花篮、装饰花篮、悼念花篮等几个类型。

（四）装饰花

装饰花包括胸花、头花、腕花、肩花等。装饰花一般用于各类大型集会、开幕式、结婚典礼等场合。一般只需较少的花材和配叶，便可制作出典雅大方的装饰花，从而起到美观的装饰效果。

（五）礼品盆花

礼品盆花，即对种植于花盆中的观花、观叶、观果等植物进行包装，使之成为馈赠礼品。在拜访亲友时可将礼品盆花作为礼品赠送。

三、送花的场合与礼仪

在现代社交活动中，送花已经越来越普遍，举凡探访、慰问、祝贺等，人们都喜欢以花为礼；情人之间互吐心曲更需以花为信。每一种花都蕴藏着无声的语言，因此，送花时应根据对方的具体情况选择不同种类的花。

（1）庆祝长辈寿诞时宜选长寿花或万年青，长寿花象征着健康长寿，万年青象征着永葆青春。

（2）祝贺友人生日时宜选月季、花烛、麒麟草，这些花象征着火红年华、前程似锦。

（3）夫妻之间互赠花束时可选用百合花、合欢花。百合花象征着百年好合、顺顺利利、长相厮守；合欢花的叶子两两相对合抱，象征着夫妻好合。

（4）送朋友远行时宜选用剑兰、花烛，寓意一路顺风、前程似锦，也可赠一束芍药，可表达依依惜别之情。

（5）探望病人时不要送盆栽的花，以免病人误会为“久病成根”；不要送香味很浓的花，因为这类花对刚做过手术的病人不利，易引起咳嗽；也不要送颜色浓艳的花，因为这类花会刺激病人的视神经，激发烦躁情绪。看望病人宜送兰花、百合、剑兰等，或选用病人平时喜欢的品种，有利于病人怡情养性、早日康复。

（6）拜访德高望重的老者时宜选兰花，因为兰花品质高洁，又有“花中君子”之美称。

（7）祝贺新店开业时可选红月季、牡丹、一品红、红掌等，这类花花期长，花朵繁茂，可寓意兴旺发达、财源茂盛。

（8）新春佳节走亲访友时可选大丽花、牡丹花、水仙花、金橘、状元红、吉祥果等，这些花卉可表示吉祥。

（9）看望父母时可选用剑兰、康乃馨、百合、满天星，也可将这些花插成花篮或组成花束，寓意父母百年好合、幸福美满。

（10）迎接亲友时可选用紫藤、月季、马蹄莲，并将其组成花束，表示热情好客。

（11）给热恋的情人送花时可选玫瑰、蔷薇或桂花，这些花以美丽、雅洁芬芳的特征成为爱情的信物和象征。

（12）祝贺新婚时宜选花色艳丽、花香浓郁的鲜花，如百合、玫瑰、牡丹、月季等，寓意富贵吉祥、幸福美满。

（13）送花给工商界的朋友时宜选杜鹃花、大丽花、常春藤等，这些花有前程似锦、事业成功之意。

（14）庆祝乔迁之喜的时候，应考虑对方新房的整体风格，所以提前询问对方的喜好会比较妥当。需要注意的是，红色会让人想到火灾，所以尽量避免赠送红色的花朵。

（15）人的一生中有很多需要庆祝的时刻，如升学、毕业、工作、出院、获奖等，虽然花不是华丽的礼品，但是对方收到花的那份心情是无可比拟的。如果不清楚对方的喜好，应避免选择过于张扬、个性的品种。

课堂训练

分组模拟在不同场合下赠送他人鲜花的情景。

课后思考

1. 中国十大名花的花语分别是什么？
2. 礼仪插花的种类有哪些？分别应用于哪些场合？

参考文献

［1］金正昆. 大学生礼仪［M］. 3版. 北京：中国人民大学出版社，2014.

［2］韩冬. 大学生礼仪［M］. 北京：人民邮电出版社，2014.

［3］李霞. 大学生礼仪指导与训练［M］. 北京：首都经济贸易大学出版社，2009.

［4］杨继忠，胡洁，张洪铖. 大学生礼仪［M］. 北京：北京理工大学出版社，2011.

［5］孙玉梅. 实用社交礼仪［M］. 北京：中国文史出版社，2005.

［6］陆纯梅，范莉莎. 现代礼仪实训教程［M］. 北京：清华大学出版社，2008.

后　　记

本教材融知识性与实用性为一体，在编写时注重理论知识和实践训练的紧密结合，通过对相关古今礼仪知识的讲解及中华传统礼仪文化资源的挖掘，以古鉴今，使大学生在学习中华文化与礼仪的过程中，自觉渐悟、传承并弘扬中华优秀传统文化。同时，现代礼仪知识的学习与实践可以使大学生懂得遵从“敬人、自律、适度、真诚”的原则进行人际交往，并使大学生能够灵活运用现代礼仪规范解决社会交往中的各种问题，提升其礼仪实践能力。

本教材注重在“课堂训练”与“课后思考”中开拓大学生人生格局，以礼化人，使人文教育能够扎根在现实生活的泥土中，唤醒并凝聚大学生对祖国、对人民、对社会和生活的责任、担当与热爱，使其成为形象得体、气质高雅的知礼、守礼、行礼的高素质人才，实现“立德树人”的教学目的。

另外，与本教材配套的MOOC（慕课）——《大学生礼仪与形象设计》已在“学银在线”和“中国大学MOOC”两个平台免费开放10余期，希望感兴趣的教师、社会人士及学生加入“学礼、懂礼、守礼”的队伍中来。

在教材即将出版之际，特别感谢北京大学出版社相关领导的协调，以及责任编辑张玮琪老师与编者的反复沟通和辛苦编校，同时也感谢兰州交通大学的学子陈东和刘璇的部分礼仪动作示范，真诚地对他们表示感谢！

最后，也希望使用本教材的教师和学生能提出宝贵意见和建议。

编者

2024.1